Mr.Know All 浩瀚宇宙

小书虫读科学

为什么晚上看不到太阳

《指尖上的探索》编委会 组织编写

作家出版社

策划出品 悦读名品　　图片服务 悦读名品 123RF

太阳是太阳系中唯一会发光的恒星，是太阳系的中心天体。太阳其实是一个正在燃烧着的星球。太阳系的主要质量都集中于太阳。本书针对青少年读者设计，图文并茂地介绍了燃烧着的星球、太阳的构造、太阳活动、太阳与地球、太阳系与宇宙、人类对太阳的探索六部分内容。为什么晚上看不到太阳？阅读本书，读者或将自己探索出答案。

图书在版编目（CIP）数据

为什么晚上看不到太阳 /《指尖上的探索》编委会编. --
北京：作家出版社，2015.11（2022.5重印）
（小书虫读科学）
ISBN 978-7-5063-8498-8

Ⅰ.①为… Ⅱ.①指… Ⅲ.①昼夜变化—青少年读物
Ⅳ.①P193-49

中国版本图书馆CIP数据核字（2015）第278809号

为什么晚上看不到太阳

作　　者　《指尖上的探索》编委会
责任编辑　杨兵兵
装帧设计　高高BOOKS
出版发行　作家出版社有限公司
社　　址　北京农展馆南里10号　　邮　编　100125
电话传真　86-10-65067186（发行中心及邮购部）
　　　　　86-10-65004079（总编室）
E-mail:zuojia@zuojia.net.cn
http://www.zuojiachubanshe.com
印　　刷　北京盛通印刷股份有限公司
成品尺寸　163×210
字　　数　170千
印　　张　10.5
版　　次　2016年1月第1版
印　　次　2022年5月第2次印刷
ISBN 978-7-5063-8498-8
定　　价　33.00元

Mr. Know All

《指尖上的探索》 编委会

目录 Contents

第三章　太阳活动

第六章　人类对太阳的探索

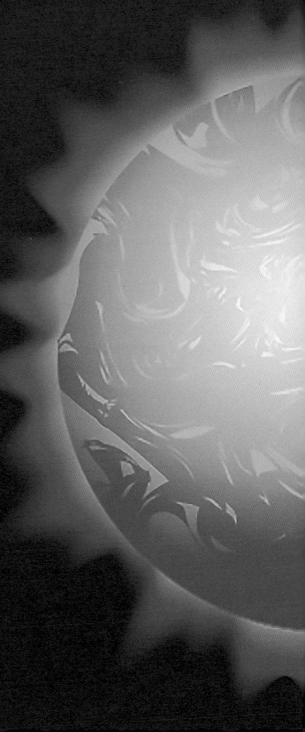

太阳只是浩瀚宇宙中一颗十分普通的恒星，但它却是太阳系的中心天体。太阳的年龄已约46亿岁，正处在其青壮年时期。作为太阳系的中心，地球上的生命都直接或间接地需要它提供的光和热。人类的生活如果离开了太阳，将在黑暗中不堪设想。太阳是人类温暖的依存，是地球最重要的伙伴。但是，我们对太阳并不是特别了解，太阳依旧有很多谜团等着我们去解开。

第一章

太阳：燃烧着的星球

1.太阳是个燃烧着的星球吗

太阳是个时刻燃烧着的星球，它位于太阳系的中心。但在浩瀚的宇宙中，太阳只是一颗非常普通的恒星，其的亮度、大小和物质密度都处于中等水平。只是因为它离地球比较近，所以在地球上看向天空，太阳是最大最亮的天体。

太阳的直径大约是 1392020 千米，相当于地球直径的约 110 倍。太阳的质量大约是 1.989×10^{30} 千克，大约四分之三是氢，其次是氦，而氧、碳、氖、铁和其他重元素质量少于 2%。太阳是个热气体(严格说是等离子体)球，它的年龄约为 46 亿岁，是个名副其实的"大叔"啦！虽然太阳是个热气体球，却是太阳系中最"重"的天体，其质量约占太阳系总质量的 99.86%。太阳系中的大行星、小行星、流星、彗星、外海王星天体以及星际尘埃等，都围绕着太阳运行（公转）。

地球围绕太阳公转的轨道是椭圆形的，每年 7 月离太阳最远、1 月最近，平均距离是 1.4960 亿千米。以平均距离来算，光从太阳到地球大约需要用 8 分 19 秒，所以我们看到的太阳从来都不是当前的太阳。太阳光中的能量通过光合作用等方式支持着地球上所有生物的生长，也遥控着地球的气候和天气。

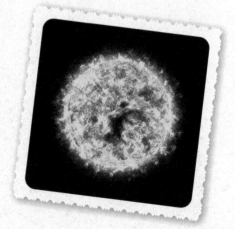

总之，太阳对于地球来说至关重要。想象一下，假如没有了它，我们的生活将会怎样？

2.太阳是如何形成的

太阳对我们如此重要，它到底是怎样产生的呢？关于太阳的产生，众说纷纭。那么，接下来我们一起探讨一下太阳究竟是如何形成的。

太阳的形成是个逐渐积累的过程。有学者认为宇宙大爆炸后，产生了最基本的物质：氢原子和氢分子。这些基本物质经过数十亿年的积累，形成了早期的星云团。星云团就是宇宙之间又大又稀的混沌状物质团。星云团又经过大概 100 万年的缓慢积累，在它的中心形成了一个温度最高、密度最大的气状圆盘。此时，太阳正在孕育过程中，这个圆盘在自身重力的作用下不断收缩，温度也不断升高。当温度达到约 1000 万摄氏度时，它就开始发生核聚变反应，形成了最初的太阳。

太阳这样一个炙热的大火球和其他恒星的形成是类似的，都是经过上亿年的积累而成。这是关于太阳的形成最科学的解释。或许有一天，科学家们又会发现其他可能的形成方式。科技在不断进步，我们对宇宙的认识也在不断深入。

3.太阳距离我们多远

　　家有没有想过，太阳到底距离我们多远，我们能不能走到太阳上去呢？能不能坐飞机去太阳上旅游呢？

　　太阳是银行系中的一颗普通恒星，是太阳系的中心天体。太阳系中的其他行星基本都是围绕太阳公转的。它是距离地球最近的恒星，与地球的平均距离大约是 1.4960 亿千米。1.4960 亿千米有多长呢？大家可以计算一下，地球赤道的周长大约是 40076 千米，太阳到地球的距离大约有 3733 个地球赤道周长这么远。也就是说，我们围绕赤道走 3733 圈才能到达太阳！这是多么远的距离呀，单靠徒步的话，走一辈子都走不到！

　　现在大家明白了吧，想要徒步去太阳上简直是异想天开！我们目前也不可能去太阳上旅行！不管过多久，不管人类对太阳有多么深刻的认识，想要去太阳旅游都不是轻易可以实现的事！

4.太阳有多大

平时我们看见的太阳仿佛一只手就可以"捧"起，那它到底有多大呢？现在我们就一起来看看它到底有多大！

太阳的半径大约是 696000 千米，大约是地球的 110 倍。表面面积大约为 6.09×10^{12} 平方千米。体积大约是 1.412×10^{18} 立方千米，约为地球的 1300000 倍。换句话说，1300000 个地球加在一起，才能组成一个太阳！大家想象一下，太阳该有多么大啊！在太阳面前，地球简直就像一颗糖豆。而我们在地球上，又像地球上的一粒尘埃。面对太阳，我们变得十分渺小，都没有一颗糖豆大。

太阳如此巨大，但是对于地球上的我们来说，它看起来就像个圆盘一样大小，这是因为它离我们很远很远。现在感受到太阳的魅力了吧！

5.太阳会不会因为太重而掉下来呢

太阳体积很大，同样，它的质量也非常大。那么它会不会因为太重而掉下来呢？要是掉到地球上，砸着我们怎么办呀？

太阳的质量大约为 1.989×10^{30} 千克，是地球的 333400 倍。按照迄今为止的科学说法来看，宇宙是无限的、不断膨胀的。太阳的质量同样也是不断增加的。任何天体都会有自己特定的轨道，它们沿着轨道运行，太阳也是一样。每个天体由于受到万有引力的作用互相吸引、互相绕转，构成了宇宙这个空间，太阳也不例外。它们都只是在做惯性运动，如果没有很强大的外力作用，轨道是不会改变的。而太阳受到其他天体相对恒定的引力，是不会掉下来的。

宇宙中的天体都有自己的运行轨道，它们一般是不会"擅离职守"，离开自己的轨道的。这是宇宙中的规律，是不会改变的。所以，不用担心，太阳是不会掉下来的！

6.太阳为什么会发光发热

从清晨的第一缕阳光照进树梢开始，我们就能感觉到太阳提供的光和热。那太阳为什么会发光发热呢？

太阳是个燃烧着的大火球，它时时刻刻都在发光发热。它的阳光时时刻刻都照射到地球上，夜晚的时候我们感受不到，是因为这时，我们所在的区域转到了太阳照不到的地方。所以，并不是太阳下山了它就不亮了，其实这个时候，另一半地球上的人们正在享受着阳光呢。太阳会发光发热，是因为太阳主要是由氢组成的，整个质量的 71% 几乎都是氢。在太阳内部高温高压的条件下，氢原子会发生"热核反应"。在这个反应过程中，有一部分的质量转变成为能量，释放出大量热量。这种"热核反应"和氢弹爆炸较为相似，能不断释放能量，散发出光和热。

太阳给人们光明和温暖，带来日夜和四季的轮回，为我们提供着光和热，有着不可替代的作用。

7.太阳上有多热

太阳上的温度特别高，我们不可能去太阳上旅游，因为还没接近它就要被"烤化了"，那它的温度到底有多高呢?

太阳核心区的温度达到 1560 万摄氏度，就算钢铁碰到它，也会化为气的。我们用肉眼直接看到的是太阳表面的光球层，这一层大约为 5800 摄氏度，属于比较"凉爽"的部分了，不过这是相对太阳的其他部分而言的。有一个实验可以很直观地了解太阳的温度。将一个直径为 1 米的凹面镜对着太阳，将其焦点落在金属板上，不断调整焦点，直到可以看见一个小硬币大小的太阳像为止。用科学仪器测试这个焦点的温度，发现大概为 3500 摄氏度。因此，推算出太阳上最低的温度也不会低于 3500 摄氏度。还有另一种方法，根据颜色估计出它的温度。我们平时看见的太阳是金黄色的，考虑到大气层对光的吸收问题，太阳的颜色大概与 5800 摄氏度的颜色对应，当然，这个 5800 摄氏度指的是光球层的温度。

现在大家知道太阳上有多热了，但是，以上的测试方法可不要自己轻易实验哦，一定要在老师或父母的陪同指导下进行!

8.为什么早晨和傍晚的太阳比中午的"大"

大家还记得"两小儿辩日"的故事吗？早晨的太阳看起来是扁圆的，而且很大，傍晚的也是如此，但是中午的太阳看起来就小了很多。这是为什么呢？

首先，从视觉的形成角度来讲，同样的物体，黑色的比白色的显得小些。蓝天总是比其他建筑物显得更远，白云在天上飘飞。目标与背景的对比度、色彩的不同、色彩的衬度等都会不同程度地影响画家写生时的构图。早晨和傍晚的太阳是以地平线周围的景物为参照物的，而中午的太阳则是在蓝天的映衬下看见的，所以，早晨和傍晚的太阳在视觉上看起来较大，中午的较小。

其次，早晨或者傍晚，我们看见的太阳，视线大概与地面平行，地表会有源源不断的水蒸气散发出来，当我们透过水蒸气去看太阳时，这些水蒸气会起到透镜的作用，看见的就会比中午的大。

另外，早晨太阳升起时，阳光要穿透好多层空气层，有的地方空气稀薄，有的地方浓厚,所以太阳光线不能"直走"，看起来就不是很圆了。

太阳是不会变的，只是我们的视觉以及大气层的作用影响了太阳的大小和形状。太阳还是那个太阳！

大家都有这样的经验，清晨时，太阳看起来是黄色的，中午又变成白色，傍晚变成红黄色。太阳的颜色用肉眼看起来如此多变，那它到底是什么颜色的呢？

如果问国际空间站的宇航员太阳是什么颜色的，他们一定会说是雪白雪白的，这个答案让地球上的我们大吃一惊。不过，太阳的确是白色的。

太阳的恒星光谱分类为 G 型主序星（G2V）。G2 表示的是表面温度大约 5800 摄氏度，V 则表示太阳像其他的恒星一样是颗主序星。太阳看起来是白色的，其实并非如此。在可见光的频谱中以黄绿色的部分最为强烈，辐射的峰值波长介于光谱中蓝光和绿光的过渡区域。从地球表面看太阳时，大气层的散射作用使天空成了蓝色，所以太阳呈现出黄色，被大家称为"黄矮星"。另外由于人的眼睛对峰值波长周围的其他颜色更敏感，所以会出现一天中看见的太阳呈现出白色或者黄色。

这就是为什么宇航员在宇宙中看见的太阳是白色的，但是地球上的我们看见的却是黄色的。

10.太阳有哪些作用

太阳不仅对人类，对世间万物都有很大的作用，这些作用体现在多个方面。

首先，维持太阳系的稳定，这个"稳定"是针对太阳系中除了太阳之外的其他天体而言的；第二，植物利用太阳光进行光合作用，吸入二氧化碳，吐出氧气，净化空气，对人类及其他生物都有好处；第三，太阳的热会使水蒸气蒸发，在上空形成云，云的水汽达到一定程度时，就会下雨，对农业发展有好处；第四，世界上的大部分能源归根到底，都是来自太阳，甚至，我们可以直接利用太阳能。太阳能不会产生废气，这将会成为未来的有机绿色能源；第五，地球上的生物都要依靠太阳的光和热，才能很好地生存；第六，阳光中的紫外线可以杀菌；第七，太阳的引力加上月球的引力，才能给海洋带来潮汐，使海洋不变成一片死水；最后，太阳对人类也有直接的好处，人们经常晒太阳，进行适当的户外活动，能促进钙的吸收，有利于身体健康。

太阳对地球上的生物来说至关重要，大气循环、四季交替、冷暖变化都是太阳作用的结果。太阳是我们目前唯一能够看见表面细节的恒星，大家对恒星的了解也全都来自太阳！

11. 太阳几岁了

小时候的故事书中有很多关于"太阳公公"的故事，大家知不知道"太阳公公"现在多大了呢？太阳从很久很久以前就出现在天空上，科学家们一直在研究它的年龄。

在我们出生以前的 46 亿年前，宇宙中的气体和尘埃汇集在一起，形成了能发光发亮的太阳。现在的太阳大约 46 亿岁了，处于青壮年时期。太阳一直在"燃烧"着它的氢，在它存在的最后阶段，氦将转变成重元素。太阳的体积将不断膨胀，直到将地球吞没。经过一亿年这样的红巨星阶段之后，它将突然坍缩成一颗白矮星，这是所有恒星存在的最后阶段。再经过几万亿年，就会完全冷却下来。不过不用担心，科学家通过测量太阳的体积和消耗情况，计算出在 40 亿~50 亿年内，是不会出现这种结局的！

由此看来，"太阳公公"这种叫法是不准确的，我们应该叫它"太阳大叔"！"太阳大叔"46 亿岁了，它还有很长的路要走，会继续为我们带来温暖！

12.太阳会自转吗

在宇宙中，每个天体都会转动，例如地球，会自转，也会围绕太阳公转。那么，太阳会自转吗？

太阳是会自转的。1612 年，伽利略发表关于太阳黑子活动记录的文章，证实了黑子的位置在变化，可以推断太阳会自转。到了 19 世纪中叶，英国天文爱好者卡林顿对太阳黑子以及太阳的自转周期进行了观察和研究，并发现，因为太阳是一个气球体，所以每一部分的自转周期是不同的。赤道处自转周期约为 27 天 6 小时 36 分钟；纬度 30° 处，周期是 28 天 4 小时 48 分钟；纬度 60° 处，周期约为 30 天 19 小时 12 分钟；纬度 75° 处，周期约为 31 天 19 小时 12 分钟；绕银河系中心公转周期约 2.25×10^{8} 年。同时，太阳自转的速度也是不确定的，有的科学家提出，太阳自转的速度每天都在改变，至于为什么速度会变，目前科学家也没有办法解释。

研究太阳的自转，还要研究太阳大气层的自转。一般来说，大气低层的自转基本上随纬度的变化而变化，而在大气上层的自转则没有明显变化。

总之，太阳是会自转的。但是，关于自转速度、周期等问题还需要深入研究，有很多谜团等着我们去解开！

13.太阳在公转吗

在 太阳系中，地球和其他所有的行星都一边自转，一边绕着太阳公转。太阳是不是在自转的同时，也公转呢？

答案是肯定的！太阳不仅会自转，也会公转。太阳是银河系较典型的恒星，位于银河系猎户座旋臂，离星系中心 25000 ～ 28000 光年。它率领着整个太阳系，以 250 千米每秒的速度，绕着银行系中心公转。银河系中心可能有巨大的黑洞，但是黑洞周围布满了恒星，所以看上去就像一个"银盘"，这个黑洞就是"银核"，这些恒星都围绕"银核"公转。与地球公转不同，这些恒星公转一周，就会距离"银核"更近一点。太阳公转一周需要约 2.5 亿年，它在围绕"银核"公转的同时，带领着自己的行星，以 20 千米每秒的速度向武仙座方向飞奔过去。

不光是太阳和太阳系会公转，无数个像太阳系一样的星系都围绕着银河系的中心公转。据推测，宇宙中至少有 600 兆颗星球，几千万个类银河系。地球绕太阳公转，整个太阳系绕银河中心公转。

 14.为什么人们感觉不到太阳的转动

大家现在都知道了，太阳在不停地自转、公转着。但是，为什么我们从来都没有感觉到它在转动呢？我们只能看见太阳东升西落，这是为什么呢？

太阳以这么快的速度转动着，但是我们却感觉不到，这是因为太阳系中的所有成员，包括行星、卫星、小行星、彗星、流星等都跟随太阳运动着，而且每个成员都带有太阳的运动速度，从而感觉不到自己与太阳相同部分的运动，只能感觉到自己与太阳相对运动的情况。所以，地球绕着太阳转动，我们在地球上，都感觉不到与太阳相同运动的部分，就如同我们感觉不到我们在跟随着地球转动一样。举个例子，当两辆车的速度一样时，车里的人看着对方，感觉就像没有动一样。而我们可以看见太阳东升西落，这并不是看见太阳转动，而是地球围绕太阳公转并自转的结果。

这就是为什么我们感觉不到太阳转动的原因。所以，"眼见的也不一定是真的"，大家千万不要再以为我们看不见太阳转动，它就真的不转了。宇宙中的一切都是运动着的，当速度一致时，就感觉不到彼此的运动了。

15.为什么日行迹是"8"字形的

如果每天的同一时间同一地点为太阳拍一张照片,它在天空中的位置会保持不变吗?

当然不会!太阳在一年中的位置是变化着的,并非固定不变的。太阳在一年中所经过的轨迹形状就叫作日行迹。英国格林尼治天文台在 2006 年期间每天中午 12 点观察到的太阳位置分析图证明,地球上的日行迹是"8"字形的。那么为什么会出现"8"字形的日行迹呢?

地球每天自转一周,造成天体每日东升西落的现象。但是由于地球绕太阳公转的轨道并不是正圆的,而是稍微偏心的椭圆形轨道,再加上地球自转轴并不是垂直于公转平面的,而是倾斜成 23.5° 的斜角。所以,太阳每天在天空中的行走路线都会不同,日出日落时刻也都不一样。夏至时,太阳会出现在日行迹的最高点,冬至时,太阳就降到日行迹的最低点。在不同纬度上,日行迹会呈现细微的差异,每天不同时段的日行迹也是不一样的。此外,这种倾斜还会造成一年中每天的日长不相等,春分、秋分前后的日长较短,而冬至、夏至前后的日长较长。

所以要记住哦,我们每天观察到的太阳位置都不一样,但是,它也有自己的轨道,是按照"8"字形的路线走的!

16. 太阳对人类健康有什么好处

太阳可以给我们带来很多好处，就像人类的母亲一样，滋润大地，孕育生命，无时无刻不给予我们温暖。

首先，人们接受阳光的沐浴，可以使皮下血管扩张，促进血液循环，增加抵抗力，增加唾液和胃液的分泌，促进消化吸收；第二，适当地多晒太阳对小孩子非常重要，可以促进钙的吸收和骨骼发育；第三，冬天孕妇适当地多晒太阳有很大好处，因为妇女在妊娠期间，各种代谢加快，对营养物质的需求日益增加，特别是对钙的需求明显增强；第四，日光浴已经成为一种新的消费时尚，是现代很多人解压放松的最佳选择；第五，阳光中的紫外线有杀菌能力，一般的细菌在阳光下晒数小时，就会被杀死，所以，很多人会选择在阳光明媚的天气晒被子；第六，在井下长期工作的矿工，更应该适当地多晒太阳，有利于身体健康；最后，太阳带来的光照条件给地球生命提供维持生命的能量。

太阳对人类的好处有很多很多，这里就不一一列举了。总之，大家应该适当地多晒太阳，尤其是冬天，这样有利于身体健康，杀死病菌，增强身体抵抗力！

17. 太阳对人类健康有什么不利之处

太阳对我们有很多好处，但是如果太阳光过多，也会带来一些不必要的麻烦。

太阳对我们也有一些坏处。紫外线是一种比可见光波长还短的光线，它可以分为三种：第一种，短期会造成晒红、晒黑和光反应敏感，长期则会产生皱纹、黑斑和皮肤老化；第二种，短期会晒红、晒黑、晒伤，长期会得皮肤癌；第三种，因臭氧层无法到达地表，短期看不出来，长期会致皮肤癌。例如，海边晒日光浴，晒得又红又黑，还有些隐隐作痛时，其实是被晒伤了，这是第二种紫外线的短期作用。根据研究，人类每天只要晒一点太阳就可以供应身体维生素 D 的需求。紫外线对身体只有那么一点好处，大多数还是坏处。皱纹、皮肤老化、皮肤癌这都是长期的结果，是日积月累产生的，对身体有不可逆的伤害。西方国家很久以前就提出了"多晒太阳不健康"的观念，然而中国人肤色比较深，积累不可逆伤害比较慢，所以很多人都不注意，但是，一旦得了皮肤病、皮肤癌时就后悔莫及啦！

所以呢，想要晒日光浴，一定要适度地晒，不要忘记出门的时候做好防晒措施。

太阳是个燃烧着的星球，它时时刻刻都为人类带来光明和温暖！科学家们一直不停地探索太阳的构造，想要更多地了解它。我们并不能直接看见太阳的内部结构，天文学家就根据物理理论和对太阳表面各种现象的研究，建立了太阳内部结构和物理状态的模型。科学家们用尽各种办法研究太阳，就是为了让大家更多地了解对我们地球最重要的恒星。想知道太阳的内部构造吗？想知道太阳的大气层跟地球的一样吗？让我们一起来探索太阳的组成物质、内部构成和大气圈层等问题，一起来揭开太阳的"真面目"吧！

结构图

核反应区

辐射层

对流层

光球层

色球层

日冕层

第二章 太阳的构造

18.太阳是由哪些化学成分构成的

宇宙中的一切物质都是由化学元素构成的，从每个星体到地球上的每一粒沙子都不例外。那么，太阳都是由哪些化学成分构成的呢？

科学家们通过对太阳光谱的分析研究，得知太阳的化学成分其实和地球的化学成分基本类似，只是各种化学成分所占的比例有些不同。太阳上最丰富的元素是氢，约占71%，其次是氦，约占27%，还有碳、氮、氧和其他元素占2%。在少量的其他元素中，10000个大气原子中约含有43%的氧、30%的碳、9.5%的氖、6.3%的氮、2.3%的镁、0.52%的铁、0.35%的硅，以及8%左右的微量元素。由此，完全推翻了亚里士多德时代关于太阳的基本化学成分不同于地球这一猜想。时至今日，科学界普遍承认，宇宙中任何天体的化学成分都与地球类似。

每种化学元素都有它存在的必然性，比如太阳中成分最多的氢，四个氢原子核聚合成一个氦原子核。通过这种热核反应，产生巨大的能量，慷慨地供应给地球。

总而言之，太阳上的化学成分与地球上的是差不多的，只是比例不同。

内部结构:
核反应区
辐射层
对流层

光球层

色球层

日冕层

19. 太阳的内部由什么组成

太阳的内部构造是十分复杂的，但是，我们会将复杂的问题简单化。

太阳是一个巨大而炽热的气体星球，没有固定的核心。天文学家通常把太阳结构分为内部结构和大气结构两部分。太阳的内部结构由内到外可以分为核反应区、辐射层和对流层三个部分，大气结构由内到外可以分为光球、色球和日冕三个部分。

太阳的核反应区是产生核聚变反应的地方，是太阳的能源来源之处，能释放出不可思议的能量，并向地球提供无限的光和热。辐射层是将光和热等能量以辐射的方式向外传播，对流层同样也能使能量向外传播。而太阳的大气层跟地球的大气层一样，都可以保护自己。太阳的大气层上还会发生很多活动，这些活动都很激烈，有的还会对地球、人类产生一些或好或坏的影响。

20.太阳的核心是"日核"吗

太阳是一个巨大而炽热的气体星球，它的核心是非常重要的部分，叫作"日核"。大家想知道日核是什么样的吗？

日核的半径约是太阳半径的四分之一，质量是整个太阳的一半以上。日核的温度非常高，达到 1500 万摄氏度。日核中物质的密度同样很高，每立方厘米可以达到 160 克，是地球上水的密度的 160 倍。它的压力也十分大，才使得氢聚变成氦的热核反应得以发生，并释放出极大的能量。日核是太阳内部唯一能经由核融合产生能量的场所，以阳光的形式释放出热，从核心向外传输的能量加热了太阳其余的部分。核融合所产生的能量，由内而外逐层传递出来到达表层，才能以阳光或微粒的动能形式逃离太阳。日核的能量是通过辐射及对流的方式向外传递的。

这就是日核，一个高温高压高密度、能够释放巨大能量的场所。它的重要性不言而喻，它是太阳的心脏，为太阳输送着丰富的"血液"，维持着太阳的"生命"！同时也维持着地球上生灵万物的生命！为地球上的万物提供阳光，满足人类生存最基本的需求！

 ## 21.辐射层上有很大的"辐射"吗

辐射层是太阳内部结构的中间层,那这一层有什么作用?它上面会有很多"辐射"吗?想知道这个问题,就得先了解辐射层。

辐射层位于 0.25 ~ 0.71 太阳半径的地方。在这一层中,气体温度约为 6.9×10^6 摄氏度,和恒星表面温度大致相同,密度约为 15000 千克每立方米。就体积而言,辐射层约占太阳体积的一半。太阳核心产生的能量,通过这个区域以辐射的方式向外传输。辐射层的作用是帮助恒星进行氢与氦核融合能量。虽然这一层能够将热辐射向外传输,但是在辐射层没有热对流的运动,所以离中心距离越远,温度就越低。

如此看来,辐射层相当于一个工具,是传递能量的区域,这里有很大的能量。我们地球上的万物所需要的光和热就是通过这里传递出来的。

22.对流层上有"风"吗

对流层是太阳内部结构的第三层,紧挨辐射层。那对流层又有什么作用呢?

在太阳辐射层之外即是对流层,被太阳薄薄的光球层包围着。对流层厚约 15 万千米,层顶温度约 6327℃。由于层内氢不断电离,导致气体热量累积,打破流体静力平衡后,引发气体的升降运动,于是形成对流。

对流层中对流的幅度、速度都超乎想象,地球上难以见到。太阳内部所产生的能量,只有一小部分变为对流能量,其余的部分需要通过对流层向外运送,并成为产生诸如黑子、耀斑、日珥以及在日冕和太阳风中其他瞬变现象的动力。

对流层和辐射层有着相似的作用,都是为了把能量输送出去,就像一个搬运工一样,只不过,两者的搬运方式有所不同。对流层如果放在地球上的话,会产生我们理解中的"风"!

这就是对流层,一个像"搬运工"一样的结构,所以它是一位辛勤的劳作者!

23.太阳有大气层吗

地球周围有大气层保护着我们，这厚厚的大气层由对流层、平流层、中间层、电离层和散逸层五个层次组成。那太阳周围会不会也有这么厚的大气层保护着太阳呢？

答案当然是肯定的！太阳周围也有大气层的存在！太阳大气层是太阳最外面的结构，它犹如罩在太阳身上的外衣。从里向外可以分为光球层、色球层和日冕层等三层。这三层结构处于局部的激烈运动中，例如太阳黑子的出没、日珥的变化和耀斑的爆发等。

人们平时能够看见的是太阳的光球层，它是最薄的一层，厚度只有500千米，太阳光就是从这一层发出的。同时它也是不透明的，类似于地球的地表，所以人们并不能观测到太阳的内部。而色球层和日冕层类似于地球的大气层，它们只有在日食的时候才能被人们看见。

这就是太阳周围的大气层，没有地球的大气层那么厚。但是，太阳的大气层中每一层活动都很活跃，它们都在保护着太阳，就像地球的大气层保护着地球，保护着人类一样！

24.什么是太阳光球

太阳光球是太阳大气层中的最底层或者最里层。那么，关于光球层，你想不想了解更多呢？

其实，太阳光球就是我们平时能看见的大圆盘，它的界限比较明显，通常所说的太阳半径就是指光球的半径。光球整体看来很明亮，但是各个部分的亮度却很不均匀。日常生活中，离热源越近的地方温度越高，越远的地方温度越低。而太阳大气的情况却截然相反，从光球的内部向外，温度逐渐降低。在光球层与色球层的交界处，温度降到最低值，只有 4000 摄氏度多一些。但是接着又逆升，在日冕层达到上百万度。人们对这种反常增温现象感到疑惑不解，至今也没有找到确切的原因。

光球的表面是气态的，平均密度只有水的几亿分之一。光球层上有很多活动。在活动区域，有太阳黑子、光斑，偶尔还有白光耀斑。它们的高度、物理状态和结构相差很悬殊。

太阳的光球层就是这样特殊，这样活跃！

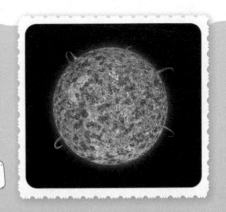

25.什么是太阳色球

色球是太阳大气层的中间层，平时不容易被观察到，只有在日全食的时候才会出现。

平时，由于地球大气中的分子以及尘埃粒子散射了强烈的太阳辐射，而形成"蓝天"，色球的色彩被完全"淹没"在蓝天之中，我们完全看不见。但到了日全食时，我们会发现，当月亮遮掩了光球光辉的一瞬间，日轮边缘上会看见一层玫瑰红的绚丽光彩，仅持续几秒钟，这就是色球。

色球层的平均厚度为 2000 千米，密度比光球层更为稀薄，温度差异大，从几千至几万摄氏度。不过，色球层所发出的光却只有光球层的几千分之一。色球层的结构是不均匀的。通常，按照平均温度随高度的分布曲线来区分色球层次的话，可以分为厚度约为 400 千米的低色球层、厚度约为 1200 千米的中色球层和厚度约为 400 千米的高色球层。色球层之间没有严格、明显的边界，这也反映了色球本身的不均匀性。

色球是一个被磁场充溢着的等离子体层，离子体和磁场之间有复杂的相互作用。由于磁场的稳定性差，常常会造成许多剧烈的耀斑爆发、日珥及喷焰等太阳活动现象。

色球是太阳大气层的其中一层，大家只有在日全食的时候才能看到几秒钟。所以，如果你想要欣赏色球那"瞬间的美丽"，就要抓紧每一次日全食的机会哦！

"日珥"是发生在色球层的太阳活动，它就像太阳面上的"耳环"一样。它们比太阳圆面暗得多，一般情况下会直接被日晕淹没，不能用肉眼直接看到，只有使用太阳光分仪、单色光观测镜等仪器或者在日全食的时候才可以看见。

每当日珥出现的时候，日珥在外观上看起来就像是在太阳边缘动来动去的耳环，因而被叫作"日珥"。事实上，日珥会表现出万千姿态，并且变幻无常，时而如飞泉，时而如流瀑，时而如云霞，时而如焰火。

尽管日珥形态各异，但大体上可以从运动情况方面归纳出爆发型、宁静型和活动型三类。日珥爆发前只是密密实实的"冷气团"，温度只有7000℃，通常悬浮在100万摄氏度的日冕中。当"冷气团"从太阳表面喷出，会沿着弧形路线，陆续落回到太阳表面。爆发型日珥特别壮观，有的爆发高度可以达到几十万千米，有些物质落不回太阳表面，而是被抛射到宇宙空间中。宁静型日珥喷发缓慢，回落更加缓慢，甚至可以宁静地持续几个月。活动型日珥喷发得很迅速，持续时间从几分钟到几小时不等。活动日珥和黑子群有关，而且不论数量还是活动时间都同太阳活动周期紧密相关。

对于太阳来说，日珥的爆发和回落都只是一瞬间而已，无数高温等离子小日珥，高可达9000多千米，宽达1000千米，但平均寿命也只有几分钟而已。

27.什么是太阳日冕

你 有没有见过"日冕"？

日冕也不是随时都能看见的，只有在日全食时，我们才会看到日面周围出现呈放射状的非常明亮的银白色光芒，这就是日冕。它的形状会随着太阳活动的周期变化而变化。在太阳活动极大年，日冕的形状接近圆形，而在太阳活动极小年，日冕的形状呈椭圆形。日冕在色球之上，是太阳大气的最外层，厚度达到几百万千米。日冕中的物质也是等离子体，它的密度比色球层低很多，而温度却比色球层高很多，可以达到上百万摄氏度。日冕发出的光比色球发出的还要弱。为了方便研究，科学家将日冕分为内冕、中冕和外冕三个部分。

通过 X 射线或者远紫外线照片，可以发现日冕中有大片不规则的黑暗区域，这是冕洞。它是日冕中气体比较稀薄的区域，寿命最多可以达到一年。不过，冕洞其实不是"洞"，基本上都是长条形或者不规则状。冕洞大致分为位于两极地区常年都有的极区冕洞、位于低纬区一般面积较小的孤立冕洞以及向南北延伸的延伸冕洞三种。

28.太阳的能量来源是什么

太阳是地球上能量的主要来源，那太阳能量的来源又是什么呢？科学家们一直在研究这个问题，到底是不是人们通常所说的"核聚变反应"呢？

有的科学家认为太阳的能量来源于其核心内部的"核聚变反应"。太阳的核心温度达 1500 万摄氏度，压力相当于 2500 个大气压。核心区域的气体被极度压缩至水密度的 150 倍，如果在这里发生核聚变，那么每秒钟会有 7 亿吨的氢被转化成氦，在这个过程中，大约会有 500 万吨的净能量被释放出来。

太阳释放出来的能量到底有多少呢？我们可以像科学家们那样设想：在地球大气层以外放一个特别仪器，以测算太阳总能量。在每平方厘米的面积上，每分钟接收的太阳总辐射能量为 8.24 焦，我们把这个数值乘以日地平均距离做半径的球面面积，可以估算出太阳在每分钟发出的总能量，约为每分钟 2.273×10^{28} 焦。但是，只有太阳辐射总能量的二十二亿分之一到达地球上。

太阳的参数都是通过上述方式估计的，关于太阳的能量来源于内部的核聚变反应，也只是部分科学家的看法，随着科学的进步，人们对于太阳能量一定会有更多的发现，说不定会有截然相反的结论。科学是奇妙的，需要人们不断努力探索。

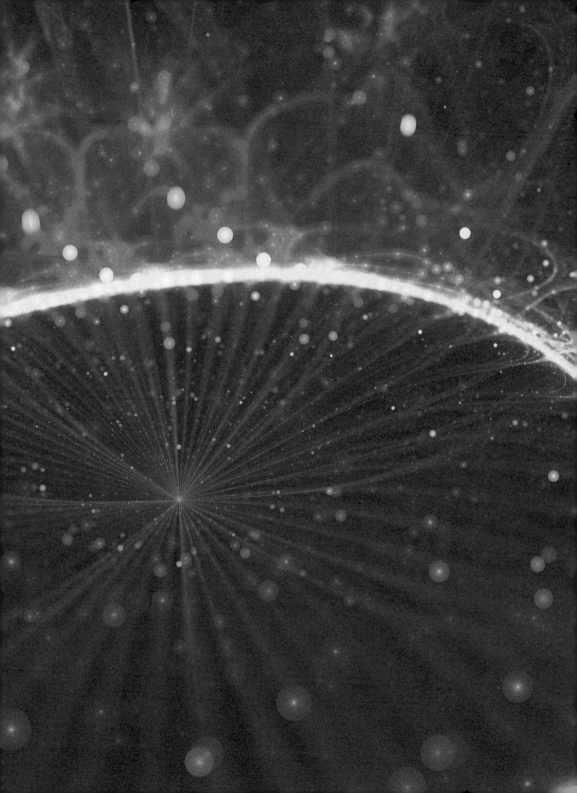

　　太阳是个复杂的星体，不论是内部结构还是大气层结构都是如此。同时，它也是个十分活跃的星体。太阳看起来很平静，但是，大家不要被它安静的外表"欺骗"了，其实它无时无刻不在发生着剧烈活动。黑子爆发、光斑、谱斑、耀斑、日珥、太阳风等都是太阳活动的表现。这些活动都会或多或少地对地球上的我们产生一些影响，有的是有益于人类的，有些却会产生许多危害。关于太阳活动的研究从很久以前就开始了，你一定想知道太阳到底会有哪些活动吧，现在就来一探究竟吧！

第三章

太阳活动

29.太阳会发生哪些剧烈活动

太阳是个"调皮"的家伙，表面看似安静，实际上却顽皮得很。

太阳活动是太阳大气层里所有活动现象的总称。按照其活动程度，太阳可以分为活动太阳和宁静太阳两部分。但是宁静太阳其实也不"宁静"，研究发现，宁静太阳也有太阳活动，只不过尺寸、幅度比较小而已。太阳活动包括光斑、谱斑、耀斑、太阳黑子、日珥和日冕瞬变事件等。这些活动都由太阳大气中的电磁过程引起，时而强烈，时而弱小，平均以 11 年、22 年为周期。太阳处于活动剧烈期，辐射出大量紫外线、X 射线、粒子流和强射电波，会引发地球上出现极光、磁暴和电离层扰动等现象。

太阳黑子是太阳活动的基本标志。对太阳活动的研究很久以前就开始了，对太阳活动变化的最早记录是关于太阳黑子的变化。有关太阳黑子的第一次文字记录大约是公元前 800 年前的中国，而最古老的描绘记录约在公元 1128 年。

30. 太阳耀斑是太阳脸上的"雀斑"吗

有的时候我们会看见太阳上有一些小亮点,那么这些亮点是什么东西呢?原来,这就是"太阳耀斑"。那么,什么是"耀斑"呢?它是太阳脸上的"雀斑"吗?

太阳耀斑是一种剧烈的太阳活动。它在太阳表面,尤其是在黑子群上方,突然出现并迅速变亮的闪耀斑点,一般仅仅能维持几分钟到几十分钟的时间。科学家们普遍认为太阳耀斑发生在色球层中,所以也称太阳耀斑为"色球爆发"。

太阳耀斑爆发时,亮度上升迅速,下降较慢。随着耀斑变亮,巨大的能量也被释放出来。爆发约20分钟的太阳耀斑,可释放10^{25}焦耳能量。并且,耀斑从射电波段直到 X 射线的辐射通量突然增强。耀斑所发射的辐射种类繁多,除可见光外、紫外线、X 射线、伽马射线、红外线和射电辐射之外,还有冲击波和高能粒子流,甚至有能量特别高的宇宙射线。

太阳耀斑的活动周期大约是 11 年,在太阳活动峰年,耀斑活动较为频繁。

太阳耀斑的爆发会给我们的日常生活带来一些麻烦,无线电通信尤其是短波通信都会受到影响。下次如果再遇到的时候,大家千万不要慌张,要知道这都是正常现象。还有,千万别把"太阳耀斑"当成是太阳脸上的"雀斑"了!

太阳耀斑的爆发会影响地球上的许多活动，例如会引发干旱、洪涝、地震等自然灾害，也会对卫星、通信网络有所损害。

与人们现代生活息息相关的就是手机通信会受到干扰，会出现中断或者有噪声的情况，但并不会形成难以预计的灾难。例如 2003 年 10 月底，那是有记录以来最大的一次太阳耀斑爆发，这次的太阳耀斑爆发致使瑞典南部的 5 万户居民短暂失去电力供应，并出现移动通信中断现象。

太阳耀斑爆发最严重的时候可能会摧毁卫星，如果耀斑发生在我国的白天，有可能会对我国南部地区电离层造成强烈的干扰，导致短波信号衰减甚至中断。所以，这时应尽量避免进行对无线电通信和卫星导航定位依赖性较高的活动，电力部门也应该密切关注电网内部的电流变化，以便于及时采取应对措施，将危害和损失降到最低。

不过太阳耀斑的爆发对电视信号不会有太大的影响。太阳耀斑对通信卫星的影响大致可以分成两个部分，即对卫星通信的影响和对卫星本身的影响。相较于短波通信，卫星通信反而受太阳耀斑的影响最小。

太阳耀斑的爆发的确是会给我们的日常生活带来许多不便，所以相关部门一定要提前做好准备，以免造成不必要的麻烦！

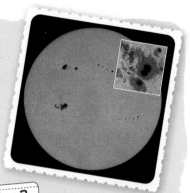

32. 太阳黑子是太阳脸上的"痣"吗

有时，人们会肉眼看见太阳表面上有一大群黑点点，特别是在天气晴朗时，在清晨或者傍晚，日光微弱的时候，看起来会特别清晰。那么，这些点点是什么呢？

对了，这就是太阳黑子！它们其实是太阳光球层上的一些旋涡状的气流，外形像是一个浅浅的盘子，中间下凹，看起来好像是黑色的。实际上黑子并不黑，它们之所以看起来很黑，是因为比起光球来，它们的温度要低 1000 ~ 2000 摄氏度，在更加明亮的光球的衬托下，它们就显得暗淡无光，这就是没什么亮光的黑子啦！

太阳黑子是太阳活动中最基本、最显著的一种。太阳黑子基本不单独活动，通常成群出现！太阳黑子的形状大部分是椭圆形的，但是大小不一，它们中的大块头直径可达几十万千米，几乎可以容纳十几个并排着的地球，而较小的黑子直径也可以达到上千千米。但是，太阳黑子的大小、多少、位置和形态并不固定，会不断变化。天文学家把太阳黑子最多的年份称为"太阳活动峰年"，而太阳黑子最少的年份则被称为"太阳活动谷年"。

太阳黑子活动特别频繁，是太阳活动的基本标志。它们看起来像"太阳大叔"脸上的"痣"，但千万要记住，它们其实是太阳光球层上的旋涡状气流哦！

33. 太阳黑子的周期是多少

前面我们讲到太阳黑子是太阳光球层上的旋涡状气流，是太阳表面因为温度比周围低而显得"黑"的局部区域，在条件适宜的时候，我们可以用肉眼看得到它们。那大家知道太阳黑子的周期是多久吗？

黑子一般会成群结队地出现在太阳表面上，因而天文学家又将它们称为"黑子群"。黑子的形成周期比较短，一般一期形成之后几天到几个月就会消失，新的一期黑子接着又会产生。它们的活动有着明显的周期性，这个周期大约为 11 年。也就是说，大约经过 11 年的时间，我们就会在太阳上看见黑子！但是，在肉眼看黑子的时候千万要注意，如果阳光特别刺眼，就一定得戴上太阳镜，以免被灼伤眼睛。当然，我们也可以用小孔成像的方法来观看太阳黑子，这个方法简单又容易操作，用牙签在纸上扎一个孔，将小孔朝向太阳，让阳光透过小孔投影在墙面上。这样看黑子，就不会伤害到眼睛啦！

关于黑子的周期，在科学史上有一个十分有趣的发现！ 1904 年，英国天文学家爱德华·蒙德发现了一幅奇异的景象，记录太阳黑子周期变化的图表竟然像蝴蝶图案。科学家们还在研究探索其形成的原因。

如此看来，太阳黑子是不是很神奇呢！大约每隔 11 年，我们就会看见一次，而且这个周期还是个"蝴蝶"呢！下次黑子爆发的时候大家可以好好观察一下，但一定记住，不要伤害到眼睛哦，否则后果很严重的！

34.太阳黑子会对地球产生什么影响

黑 子爆发是一种激烈的太阳活动现象，对地球有很大影响。

首先，当太阳上有大量的黑子群出现的时候，会出现磁暴现象，导致指南针失灵，不能正确地指示方向。信鸽也会因此迷路，找不到正确的方向。无线电通信会受到很大的影响，甚至会突然中断一段时间。而这些太阳黑子引起的磁暴现象会对飞机、轮船和人造卫星的运行，造成影响。

其次，太阳黑子的爆发也会引起地球上气候的变化。当太阳黑子多的时候，地球上就会出现气候干燥、农业大丰收的情况；而太阳黑子少的时候，气候就变得潮湿，甚至会出现灾害性的暴雨天气。我国的著名科学家竺可桢先生曾研究指出，凡是中国古代书上记载太阳黑子多的年份，在中国国境范围内冬天就会变得特别寒冷。此外，地震次数的多少变化，大约也有11年的周期性。

再次，太阳黑子多的年份，树木生长得更快、更好，而太阳黑子少的年份树木生长得很缓慢。树木的生长快慢随黑子活动的11年周期而变化。

太阳黑子的爆发对地球来说，有好的方面，当然也有许多不利的方面。我们应该善于应用它带来的好处，预防它可能带来的危害！

太阳黑子爆发的时候，会对地球产生很大的影响，那么会对人类的身体健康造成什么样的危害呢？

据统计，公元 1173 ~ 1976 年，流行性感冒发生了 56 次，并且每次都出现在太阳黑子活动极大的年份。而太阳活动峰年，心肌梗死的患者数量也大量增加。看来，太阳黑子会极大地影响人们的身体健康。

在黑子活动极强烈的年份，太阳会放射出大量的高能粒子流、X 射线等，引发地球上出现磁暴现象，破坏地球大气层，致使气候异常。地球上微生物大量繁殖，疾病顺势被广泛传播。致病细菌会随之剧增，会影响人们的生理健康。地球上生物体内的物质还可能会发生电离现象。地球大气层被破坏，致使到达地面的紫外线增加，使得病毒细胞中遗传因子变异，形成突变性遗传，产生一种感染力很强的亚型流感病毒。这种病毒一旦通过空气或水形成传播、蔓延，就会引发大范围的流行性感冒。所以，当太阳黑子数量达到高峰期时，我们要提前做好疾病的预防工作和应对方案！

而在太阳黑子活动最弱的时期，同样也会发生大规模的流感现象。例如 1889 ~ 1890 年世界第一次大范围的流感爆发就是在太阳黑子活动低值期。

可见，不管是在太阳黑子的极强烈年份还是极弱的年份，都是容易引发流感的时期。

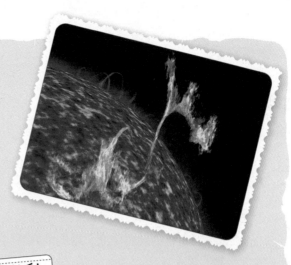

36.什么是日冕物质抛射

大家知道"日冕物质抛射"是什么吗？是不是从日冕层抛射出来物质呢？

对啦，就像大家想的一样，"日冕物质抛射"中的物质顾名思义就是从太阳的日冕层抛射出来的物质，通常情况下可以借助日冕仪在白光下观察到。"日冕物质抛射"是巨大的、携带磁力线的泡沫状气体在几分钟至几个小时内被从太阳抛射出来的过程，是日冕磁场平衡遭到大幅度破坏造成的。日冕物质抛射破坏了太阳风的流动，产生的干扰会直接影响到地球，有时影响非常重大。

当抛射物质到达地球时，有可能会扰乱地球磁场。日冕物质抛射的同时会伴随着耀斑，破坏无线电波的传输，造成能量耗损，更甚者会引起断电，并对人造卫星和电力传输线造成不同程度的损害。

日冕物质抛射对地球同样会带来各种损害，但这是难以避免的。不过，随着科学的发展，我们可以不断探索并寻找预防和抵制这些损害的有力措施！

37.太阳光斑是什么

太阳耀斑是一种常见的太阳活动现象，那么你知道"太阳光斑"又是什么？

爱好天文的同学会发现，我们在用天文望远镜观察太阳时，会看见太阳光球层的表面有的地方明亮，有的地方黑暗。这种斑点是由于温度高低不同造成的，颜色比较深的斑点是"太阳黑子"，而比较明亮的斑点就是"太阳光斑"啦！

太阳光斑活动的位置，比太阳表面要高出一些，经常处于太阳光球层较高部位的边缘上，中心区域则非常少。太阳光斑的活动周期大约是 11 年，和太阳黑子相似。但太阳光斑的纬度活动范围更大，比太阳黑子要宽出约15 度。

还有一些太阳光斑围绕着太阳黑子，与太阳黑子密切相连，这种太阳光斑由明亮的纤维组成，宽 5000 ~ 10000 千米，长约 5 万千米，大致垂直于赤道；同太阳黑子无关的太阳光斑出现在 70 度的高纬地区，面积也比较小，略呈圆形，直径大约 2300千米，平均寿命只有 30 分钟。太阳光斑比太阳黑子早出现几小时或者几天，出现后形成两部分，显示出和黑子群类似的特性。

看来，某些光斑和黑子还真是形影不离的"好朋友"呢！它们总是会成群地出现，彼此之间不离不弃！

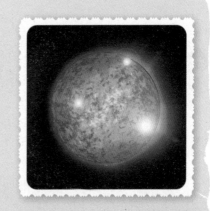

38.太阳谱斑是什么

太阳光斑出现在光球层上，那么出现在色球层上的明亮斑点又是什么呢？

当太阳光斑在色球上活动，位置与在光球层上的相吻合时，色球层上的明亮斑点就有了一个新的名字，那就是"太阳谱斑"！实际上，太阳光斑和太阳谱斑可看作是一个整体，只是它们所处的位置不同而已，就比如一栋楼房，太阳光斑住在楼下，而太阳谱斑则住在楼上。

太阳谱斑与太阳光斑如此相似，两者的位置也很相近。但是太阳光斑只能在日面边缘附近观察到，而太阳谱斑则在日面上大部分区域都可以观察到。同时，太阳谱斑与太阳黑子也有极其密切的联系。大部分的太阳谱斑附近都有太阳黑子群。太阳谱斑的形状、结构、亮度等都在不断地变化，寿命也不尽相同，寿命长的可以持续几个太阳自转周，比太阳黑子先出现但又晚消失。太阳黑子多的时候，太阳谱斑也会多，而且会更大、更明亮。所以，异常明亮的太阳谱斑出现，就意味着几小时之后，最多一天之后，此处会出现太阳黑子。

这就是太阳谱斑，跟太阳光斑像一对好姐妹！如果大家有机会使用天文望远镜看太阳的话，不妨好好观察一下，看看能不能分得清这对"好姐妹"！

39. 太阳上的"米粒组织"是一个一个的"小米粒"吗

太阳上的"米粒组织"是什么？

用天文望远镜才可以观测到"米粒组织"。它们看起来呈多角形小颗粒状，是太阳光球层上的一种日面结构。"米粒组织"的温度比米粒间区域的温度要高出大约300℃，因此可以很容易地被观察到。不过，"米粒组织"可真不小，其直径实际上有1000～3000千米。"米粒组织"看起来很明亮，分布比较均匀，呈现出激烈的起伏运动模式，有可能是从对流层上升到光球层的热气团。

"米粒组织"的活动时间很短暂，从产生到消失平均就几分钟！但是，有意思的是，每当一批"米粒组织"消逝时，就会有新一批"米粒组织"出现，就像在同样的位置不断冒着气泡，循环往复！

"米粒组织"可爱吧，就像米粥里的泡泡一样，出现又消逝，消逝又出现！不过，"米粒组织"是多角形的小颗粒，并不是"一颗一颗的米粒"哦！

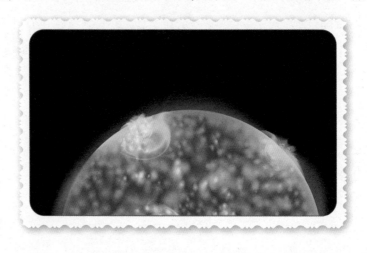

40.太阳风是太阳上刮的"风"吗

听说过"太阳风"吗？你是不是觉得"太阳风"就是太阳上刮的风呀？

太阳风其实是来自太阳的等离子流体，是由比原子还要小的基本粒子——质子和电子构成的。这种物质在流动时所产生的效应，就好像地球上的空气流动而形成的"风"，于是被称为"太阳风"。太阳风的运动就仿佛是地球上"刮风"。

太阳风尽管非常稀薄，但是刮起来的时候其猛烈程度却远超过地球上的风。地球上的 12 级台风，其速度是 32.5 米每秒以上，而太阳风的风速，在地球附近都通常保持在 300 ~ 500 千米每秒，是地球上最强风速的上万倍，最猛烈的时候甚至可达 800 千米每秒以上！可想而知，太阳风是多么令人畏惧，多么猛烈了吧！太阳风对地球的影响很大，往往会引起很大的磁暴与强烈的极光，同时也会产生不同程度的电离层扰动。太阳风的存在，给我们研究太阳以及太阳与地球的关系提供了凭据。

你见过彗星吗？彗星那长长的尾巴就是太阳风作用的结果，太阳风使它形成很长的、背向太阳方向延伸的彗尾，大家在观看彗星的时候，就可以欣赏一下太阳风的杰作，领略一番太阳风的魅力！

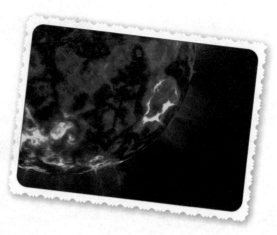

41.太阳风是怎样产生的

太阳风是这么的猛烈，又如此的有魅力和科研价值，还会带来美丽的"彗尾"。那大家了解太阳风是怎样形成的吗？

根据科学家们的研究，我们现在可以肯定，太阳风是从日冕层形成并喷射出来的。科学家们通过 X 射线或者远紫外线拍下日冕照片，可以看到日冕中存在着大片各种形状的黑暗区域。可以判断，黑暗区域的 X 射线强度要比其他区域低得多，看起来就像是各种各样的洞，于是被称为"冕洞"。"冕洞"可以说是太阳磁场的开放区域，有大量的磁力线、等离子体不断地向外扩散。等离子体沿着磁力线扩散的过程即形成高速运动的粒子流，即"刮"成了太阳风。

太阳风从冕洞扩散出来后，迅速运动。当太阳风在冕洞底部时，速度约 16 千米每秒，"刮"到地球轨道附近时，速度可达到 300 ~ 500 千米每秒。另外一点可以肯定的是，太阳风甚至可能"刮"遍整个太阳系。

不过，太阳风就算再猛烈，绝大部分也都不会吹到地球上来。因为有地球磁场在保护着我们呢！

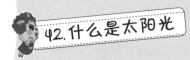

42. 什么是太阳光

太阳光是很重要的自然资源，每天照耀着大地，让整个世界熠熠生辉、五彩缤纷。

太阳光是由于太阳内部发生核聚变反应而产生的强烈的光辐射，其中有一部分经过很长时间的距离射向地球，被大气层过滤以后，到达地面。太阳光是各种波长的光的集合，其中包括红、橙、黄、绿、蓝、靛、紫等色彩绚丽的可见光和红外线、紫外线等肉眼看不见的不可见光。趋向红光的光所含热能比例较大，而趋向紫光所含热能比例较小。不过真正的太阳光也不是只有7种颜色，而是包含了从红外到紫外之间的所有连续波长的光波，如果非得说有多少种颜色，那就是无数种。

当太阳光被物体吸收时，光能就转换为热能。黑色物体吸收光能最多，灰色物体吸收光能较少，白色或镜面反射物体吸收光能最少。所以，夏天穿黑色衣服通常很"倒霉"，会感觉更热。

在地球上，阳光最多的地方是撒哈拉大沙漠东部，那里年平均日照达到4300小时。换句话说，那里平均每天有11小时45分钟的时间可以见到灿烂的阳光！

太阳光为大地带来了无限生机，让这个世界变得无比美丽！

49

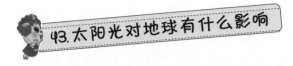

43.太阳光对地球有什么影响

太阳光对地球的影响是无所不在的，下面我们就一起看看到底会有哪些影响！

首先，太阳光是用之不竭的，它有两大优点：第一，其蕴藏量极其丰厚，从某种意义上来讲，是取之不尽、用之不竭的；第二，不会产生废气污染环境，因此越来越受到人们的重视。其次，太阳光照射在人们的身上，有利于促进血液循环，增强肠胃蠕动，促进消化。经太阳紫外线的照射，人体内的胆固醇能转化为维生素 D，有利于骨骼的生长，对小孩子的成长发育有极大的好处，同时也让人们保持健康的身体状态。再次，绿色植物可以将光能转化成生物必需的能量，而植物可为动物所食用，草食性动物又被肉食性动物所食用，于是地球上的各种生物就紧密联系起来，成为一条完整的食物链和能量系统。最后，太阳光中的紫外线有很好的杀菌作用，但是，不可以过度地晒太阳，否则会患上皮肤病，更严重的，会导致皮肤癌。

直射的阳光过于明亮，人们会感到很不舒服，特别是在阳光下阅读白色报纸的时候。的确，在直射的阳光下阅读有可能造成永久性的视觉损伤。所以，人们发明了"太阳镜"来保护自己的眼睛。

太阳光的确对地球、对人们有着很大的影响，但是，若是过度地暴露在阳光下，同样会让我们受到伤害。所以，在享受太阳光的同时我们也要学会保护好自己！

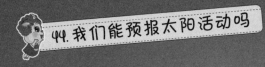

44. 我们能预报太阳活动吗

太阳活动是如此的多变，而且还会对地球产生不好的影响，那我们能不能预报太阳活动呢？

答案当然是肯定的！我们可以进行太阳活动预报。按照预报时间的长短，可以分为长期、中期、短期预报三个部分。长期预报一般是一年或几年以上的预报，比如关于太阳黑子周期性的演变预报。中期预报主要是提前几天或者提前几个月的预报。短期预报是提前 1 ~ 3 天的预报，主要是预报太阳耀斑和由太阳耀斑引起的电离层骚扰，以及高能粒子流的到来。短期预报是目前太阳活动预报中最成功的预报，尤其是关于未来 24 小时太阳活动的预报。

世界上大约有 14 个发布关

于太阳活动的预报中心。其中最主要的 4 个预报中心分别是美国空间环境服务中心、美国空军航空空间环境支持中心、法国巴黎默东天文台和乌克兰克里米亚天体物理台。我国在 20 世纪 60 年代也形成了太阳活动观测网与预报网。

准确预报太阳活动有助于科学工作者们选择发射人造卫星和宇宙飞船的有利时机，有助于通信部门及早准备，改变所使用的通信频率，以保证空间飞行的安全和通信等各项工作的正常进行。因此，准确预报太阳活动对于宇宙航行、空间研究、国防、国民经济等各个方面都具有极其重要的意义。

太阳就像地球的"妈妈"，每时每刻都关心着人们，为人们带来光明与温暖！太阳与地球关系密切，影响着地球上一草一木的生长，无论是炎热的夏天还是冰冷的冬天，都离不开太阳的照耀。太阳、地球与月球之间有着或多或少的联系，当三者连成一线时，就有可能出现日食现象，也就是俗话说的"天狗吃太阳"！想知道这三者之间的具体关系吗？想知道人们可以怎样利用太阳来为自己造福吗？答案就在这里！

第四章

太阳与地球

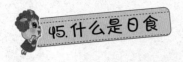

45. 什么是日食

你有没有见过"天狗吃太阳"呢？其实，天上的太阳少了一块并不是"天狗"惹的祸，而是日食现象！

日食，是一种天文现象。当月球运行到太阳和地球之间的时候，对地球上的一些地区来说，月球就在太阳的前方了，因此来自太阳的部分或者全部的光线就会被月球遮挡住，看起来就好像太阳的一部分或者整个都消失了。不过这个过程是逐渐减弱的，当太阳被全部遮住时，我们就可以看见天空中最亮的恒星和行星。几分钟后，太阳光就渐渐地从月球黑影边缘露出来，慢慢复原。

历史上，民间传说认为，日食象征着灾难的降临，人们会在日食之日举行救日行动之类的仪式。日食被视为不吉祥的征兆，这都是由于当时认知水平的局限，缺乏天文知识以及传播落后造成的。不过，到了现代社会，这种完全没有科学依据的想法已经被人们所摒弃。

日食是一种正常的天文现象，那些流传的关于日食是灾害象征的说法都是不可信的。大家一定要相信科学哦，用科学的眼光来看待不寻常的事物！

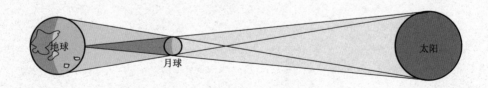

地球　月球　太阳

46.日食有哪些种类

日食可分为不同种类。那么，大家知道日食都有哪些种类吗？

第一种是日全食。由于对称的缘故，月球的暗影宽度正好可以遮住整个太阳。太阳光球完全被月球遮住，但是此时可以用肉眼观察到模糊的日冕。日全食只在月球位于近地点的时候发生，不过由于太阳的实际体积要比月球大得多，所以日全食通常只能在地球上一块非常小的区域才能被看到。最近的一次日全食发生在 2012 年 11 月 13 日。

第二种是日偏食。日偏食时太阳一部分的阳光被月球遮住，但是另一部分仍继续发光。一般情况下，日偏食会伴随着其他的食相同时发生，但是发生在极区的日食会是单纯的日偏食。最近的一次不伴随其他食相的日偏食发生在 2011 年 11 月 25 日。

第三种是日环食。日环食发生时，我们依然可以看见太阳边缘的光球，它环绕在月球阴影周围形成一个明亮的环。在日环食区域之外的地方，我们所看见的食相是偏食。最近的一次日环食发生在 2012 年 5 月 20 日。

第四种是全环食。全环食并非直接发生，而是随着地月之间的相对运动，先后出现环食、全食、环食。对于一个具体的地点来说，一次日食过程中是不会同时看见全食和环食的。全环食发生的概率很小，最近的一次发生在 2005 年 4 月 8 日。

日食有四种之多，下次发生的时候，你可以仔细看看，看能不能分辨出是哪一种！

47.为什么日全食总是在不同的地方出现

喜 欢天文的同学可能会注意到，每一次日全食都会在不同的地方出现，这是为什么呢？为什么没可能是在同一地方出现呢？

2009 年 7 月 22 日的日全食，中国的最佳观测区域在长江流域，并且持续的时间很长。另外南亚各国的许多大中城市及人口稠密地都能看见。然而 2008 年 8 月 1 日的日全食，在我国只有少数西北偏远地区才可以观测到。每一次的日全食都会出现在不同的地方。众所周知，日食是因为月球挡住了太阳的光芒。日食发生时，被月球挡住阳光的区域在月地之间形成一个阴影"圆锥"，只有地球表面擦过"圆锥"的部分才能看到日全食。不过由于太阳、月球轨道的限制，地表能切到"圆锥"的最大截面的直径不到 270 千米。随着地球自转，会扫过狭窄的一条能看到日全食的地带。因为每次日全食发生时日、地、月三者的相对位置和角度都不同，所以"圆锥"也就扫在地球上的不同地点。日全食虽然不像彗星、流星雨那样，千百年才有一次，但对某一地区而言，确实是"百年不遇"的一次盛况！

所以，喜爱天文的你一定要抓住机会了，因为这可能是你唯一一次在某个地点观测日全食的机会！

48.为什么日全食每次观测范围和持续时间都不一样

日全食出现时，不仅每次的观测地点不同，就连观测的范围、持续的时间都大不相同。大家知道这是为什么吗？

2009 年 7 月 22 日发生的日全食一共持续了 6 分 39 秒，在我国境内的时间长达 5 分 55 秒。我国能观测到日全食的地带宽约 250 千米，这是 21 世纪内我国境内持续时间最长、涉及人口最多的一次日全食！我们都知道，月球绕地球和地球绕太阳的公转轨道都是椭圆形的，地球和月球、太阳和地球之间的距离也是不断变化的。太阳的直径大约是月球直径的 400 倍，所以只有太阳和月球的轨道"相会"，而且太阳和地球的距离至少达到太阳和月球的距离的 400 倍时，月球才能完全遮挡住太阳直射到地球的光芒，进而形成日全食。

月球绕地球的公转角速度远远高于地球绕太阳公转角速度，因此相比之下，月影在地球表面的移动速度非常快，在赤道区域大约是 1800 千米/小时，而在两极附近则高达 8000 千米每小时。这决定了不同区域观测日全食的时长是不同的。在赤道区域观测日全食，最多可持续看到 7 分钟 40 秒左右，越往中高纬地区时间越短，两极就观测不到日全食了。

这就是为什么每一次日全食的观测范围、持续时间都不同。所以，每一次日全食都是独一无二的，没有完全一样的日全食！

49. 为什么日全食比月全食更少见

从古至今，各民族对于日全食都有着天狗吃太阳、天狼逐日等不同的解释，也都有各自的解决方法。在大家的印象中，似乎日全食比月全食少见，事实真的是这样的吗？

事实当然不是如此，就全球而言，一年内的日食出现次数其实比月食更多，那为什么在人们心中月食出现的次数要更多呢？从地球上看，太阳和月球各自运行的轨迹每隔半年就会有一次"相交"，可能发生日食的时间段比发生月食的时间段更长，也就是日食季要比月食季长很多。一年内可能一次月食都没有，而日食却会有 2 ~ 5 次，全球范围日全食平均 1.5 年会有一次。

月食一旦发生，处在黑夜中的半个地球都能看到，涉及范围广泛，而且月全食过程长达几十分钟乃至几个小时，持续时间远远长于日全食。所以在同一地点月全食比日全食更容易被大家看见，这也就是为什么日全食比月全食似乎显得更少见！

其实，并不是日食很少，而是日食的观测范围和持续时间都要少于月食，所以，人们才会觉得日全食比月全食少见！眼见的也不一定是真实的，同学们不要被眼前的景象迷惑了哦！

50.为什么说不看日全食是"终身遗憾"

了解了这么多日全食的知识,很多同学肯定都想亲眼看看日全食吧?不看日全食可谓是"终身遗憾"呢!

很多亲自观赏过日全食的人都觉得,目睹天空由明亮逐渐变得黑暗,看到烈日当空变为繁星满天的过程实在是震撼。这是任何照片、影像等形式都无法给予的视觉震撼和心灵震撼!明亮夺目的贝利珠、圆形的日冕、跳动着的鲜红的日珥等,许多平时难得一见的景象,都会在日全食时显现,这让天文爱好者们十分着迷。一些能够在家门口观赏到日全食过程的人,能享受这样的视觉盛宴真的是人生中的一大"幸事",然而对于其他地区无法在家门口看见日全食的人们来说,如果有条件,也可以加入日食"全球追踪者"的行列,一起来观看如此美妙的日全食。

日全食对于普通人来说是难得一见的绮丽景象,对于科学家、天文学家们来说,更是研究天文现象的大好时机!所以说,不看日全食真的是"终身遗憾"!

51. 日食有什么意义和价值

日食是一种天文现象，对人类有着不可估量的意义和价值！

日食的天文观测价值十分巨大，尤其是日全食的价值。很多重大的天文学、物理学发现都是利用日全食的良好时机才得出的。最著名的就是1919年的那次日全食，这可不是一次普通的日食，爱因斯坦的广义相对论正是利用这次机会得到了证实，原本生涩难懂的理论就这样赢得了众多科学家的认可。

在我国的日全食记录中，1980年的那次日全食，在中缅边境的云南瑞丽地区可以看见。第二次的日全食是1997年春节之后，在我国最北端的漠河可以看见。那时，人迹罕至的北疆小镇比过年还要热闹，零下30摄氏度的严寒也难以阻挡众多天文爱好者的观日热情。虽然说日食对于人们的衣食住行并没有什么特别的影响，但是，观测日食代表的是一种人文情怀，是一种对大自然的无限热爱之情，是一种对自然规律的敬畏和探究，这正是人类所不能缺少的一种独特品质！

日食不会经常发生，但它的每一次出现都会带给人们不一样的感受。

52. 日食会带来什么样的灾害

日食虽说是一种天文现象，但有时也会对地球环境和人类社会的运作产生不好的影响！

从文献上关于日食的记录来看，还没有发现日食对人类的生产生活会产生重大影响甚至灾害。

日食，尤其是日全食，会造成地球上能见度降低、气温降低、湿度上升等现象，这些状况在沙漠地区尤其明显。日食也会对交通运输、高空和野外生产作业、通信安全等造成不同程度的影响和损害。不过这些都是人们可以采取措施预防的。某些敏感的动植物会因为日食产生不同寻常的变化，导致作息颠倒、行为异常等。例如鸟儿们可能会失去方向，蝙蝠、猫头鹰和其他夜行动物会在白天出来活动。所以在日食，尤其是日全食期间，受到影响的地区一定要制订出新的照明计划，以维护交通安全，保障人们的基本生活需求。

日全食发生时，地球的电离层通常会有不同程度的异常反应，这种异常反应会给无线电波的传输带来一定的影响，对于通信也可能会产生短暂的干扰。

日食虽说会带来短暂的"黑暗"，但它只是一种自然现象，很快就会结束，只要人们做好安全措施，就能避免可能出现的灾害！我们要相信科学，用科学的视角理解身边的看似异常的自然现象哦！

53. 我们应该怎么样观测日食

日食的全过程是一个奇妙的过程，不过，观测日食时有一定的危险性，大家一定要注意安全！现在我们就来看看到底应该如何观测日食！

首先，一定要注意不可以在街道、马路等危险地点观看，以免造成生命危险。在阳台观看时也要注意安全，避免坠楼等危险状况发生。其次，日食出现时，气温、湿度、能见度、地球磁场的变化会导致部分动物生理习惯不适应，家里的猫狗等宠物应提前安置好，避免因家畜恐慌发生伤人事件。

在观测日食时，千万不要用肉眼或任何光学设备直视太阳，即使太阳镜也不可以！否则会造成日光性视网膜炎，这种病几乎是无法治疗的！在这里，我们介绍两个简易的方法轻松观测日食。第一种是小孔成像法，用一张白色纸板当作银幕，另一张纸板上戳一个针孔，将针孔纸板举起，对应但逐渐远离银幕纸板，两纸板距离越远，银幕纸板上形成的图像就会越大。这个方法很简单吧，而且还可以保护眼睛！第二种是买观测眼镜观测，不过，切记不可以自己制作眼镜，那样会很危险的！

观测日食的方法有很多，大家一定要记住，保护好人身安全尤其是眼睛安全是最主要的，可不要因为一时贪玩酿成大错！

54. 最早的日食记录是什么时候

夏朝仲康年间的一个金秋时节，天朗气清，农民们正在享受着丰收的果实，沉浸在收获的喜悦中。可是到了中午时分，原本光芒四射的太阳在一点点地减小，仿佛有个黑色的怪物正在一点点地吞食着太阳。面对这突如其来的异常天象，人们惊恐地叫道："天狗吃太阳了！天狗吃太阳了！"

这是中国关于日食的最早记录，也是世界上最早的记录。《古文尚书》中关于这次日食留下了比较详细的记载，虽然记录中没有提及"日食"两字，但是早就被论证是中国乃至世界历史上最早的日食记录。司马迁在《史记·夏本纪》中记载："帝仲康时，羲和湎淫，废时乱日，胤往征之，作《胤征》。"日食发生之时，身负重任的文官羲和却在呼呼大睡，他也因此丢了自己的性命。梁代天文学家虞𬤊认为文献上记载的这次日食就发生于仲康元年，所以称其为"仲康日食"。在此之后，历代天文学家例如郭守敬、汤若望等都利用不同的推算方法进行过推算，截至20世纪80年代关于这次日食的确切发生时间已有13种不同的意见。

现在大家知道了吧，最早的日食记录是在中国，而且距今已有4000多年了！虽说古代人们不太了解日食，但是有意识将它记录下来以供后世研究就已经很不错了，我们的祖先还是很聪明的！

55. 日食有什么规律

大家知道关于日食的这么多知识了，肯定都想一睹它的芳容，那现在我们就一起来看看日食的发生会有什么规律，遵循着它的规律，我们一定能够抓住机会，认真观察它！

一年之中，人们似乎看见月食的次数比日食次数多，其实，发生日食的次数远比月食次数多。原来，每当月食发生时，地球上处于夜色中的人们都可以"眼见为实"。而每当日食发生时，地球上处于月影中的区域显得很狭长，并且移动速度很快，只有在月影区域中的人们才能亲眼见证。

地球上大约每隔一年半可以观测到一次日全食，但是同时在两极区域观测也只能看到日偏食。一年之中有两个日食食季，每个日食食季为 36 天，一个食季中可以观测到一次或两次日食。如果新月在黄道和白道的交点附近 18° 左右的范围内，可能会形成日食；如果在 16° 左右的范围内，一定会形成日食。每年最多可以观测到 5 次日食，最少观测到 2 次。如果观测到了 5 次，应该都是日偏食。

现在大家知道了吧，一年当中至少有两次机会可以欣赏到日食，不过大家所在的地区不一定都能看见，所以，如果可以看见，大家一定要抓住机会，一睹日食的风采！

56.有哪些关于日食的传说

日食，在今天的我们看来只是一个普通的天文现象，但是在古代，人们却认为它是凶兆！

由于古代的图腾崇拜，很多人都奉太阳为神。而日食却导致太阳出现暂时性的"黑暗"，这自然就会引起恐惧，再加上统治阶级和一些居心叵测的人的误导，以致人们误以为日食是"凶兆"，是不吉利的象征。如果出现日食现象，通常被认为是君王治国不善，导致政局紊乱，因而得罪了上天，所以上天降罪于天下。民间则认为是"天狗吃了太阳"，是"天狗"跟人作对，故意破坏万物赖以生存的太阳。

在很多国家的古老传说中，都有关于日食的神话或传说。不同国家有不同的故事情节，与各自的文化有着密切的关系。不过，这些传说普遍存在一个相似的故事特征，即日食是由某种怪物吞食了太阳而造成的。古代斯堪的纳维亚部族传说中认为，日食是天狼在食日造成的。古埃及太阳教徒相信，是一条大蟒蛇吞食了太阳神造成了日食；而还有一些埃及神话，认为是一只想在天庭称霸的秃鹰企图夺走太阳神的光芒。在印加神话中，有只能通过甩尾巴来呼风唤雨的神猫，其发怒的表现就成为日食。古印度传说中是怪兽要吃掉太阳。而阿根廷早期神话中认为那个要吞掉太阳的怪物是一只美洲虎。在越南的传说中，吞食太阳的大妖怪是只大青蛙。

有关日食的传说还有很多，不过，那都是传说，大家一定要记住日食只是个单纯的天文现象，并不是"天狗吃太阳"！

日食的全过程包括五种食相，大家知道都是哪五种吗？

首先要说的就是初亏。由于月亮是自西向东绕地球公转的，所以日食总是在太阳圆面的西部边缘开始，当月亮的东部边缘刚刚接触到太阳圆面的瞬间，日食就正式开始了，这时便称为初亏。

食既。月球继续向前运行，太阳圆面被月球遮挡的部分越来越大。当月球东部边缘与太阳东部边缘相切时，太阳完全被月球遮挡，光线完全被吞噬，这时便称为食既。这是日全食开始的时刻。因为月球表面有许多山峰，当阳光照射到月球边缘时，就形成了一串发光的亮点，如同珍珠，被称为"珍珠食"。

食甚。当月球面中心与太阳面中心接近重合时，食分达到最大化，称为食甚。这个位置关系的时刻也称为食甚。

生光。月球继续东移，当西部边缘与太阳西部边缘相切后，太阳就慢慢显露出来了，仿佛重新发出光芒，于是被称为生光。生光标志着日全食结束。

复圆。生光后，月球对于太阳的遮挡越来越少，当月球西部边缘与太阳东部边缘相切时，太阳完全又圆又光亮了，宣告本次日食的结束。

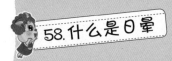
有时，在太阳周围会出现一道光圈，色彩艳丽，被称为"风圈"，气象学上称之为日晕。民间有"日晕三更雨，月晕午时风"的说法，意思就是说如果出现日晕的话，半夜三更就会下雨，如果出现月晕的话，那么第二天中午就会刮起风。虽然说这只是一则民间的谚语，但是也有一定的根据与合理性。

日晕是阳光通过云层中的冰晶时发生折射而形成的光学现象。即将下雨的时候，空中会出现含雨的卷层云。由于气温较低，云中的水滴会形成六棱柱状的小冰晶。当太阳光穿过云层，会在小冰晶上发生折射，围绕着太阳呈现出环状和色彩，看上去就像在太阳的周围出现一个光圈，由内而外呈现出红、橙、黄、绿、蓝、靛、紫七种颜色，就是日晕。

日晕多出现在春夏时节，在一定程度上可以预示天气变化的情况。当日晕出现时，天气有可能变得不好，有时可能会下雨。不过，日晕预兆旱涝的说法目前还找不到科学依据。

这就是漂亮的日晕，很吸引人吧！但是大家一定记住不能长时间用肉眼观看，否则会灼伤眼睛的！

59.为什么地球绕着太阳转

地球在自转的同时绕着太阳公转，这已是众所周知的公理，但是大家有没有想过，为什么地球要绕着太阳公转呢？

在太阳系形成的最初，它有可能是一团绕其中心旋转着的星际物质，在运动的过程中，因为万有引力的作用，其中较大的颗粒会吸引周围较小的颗粒从而形成更大的物质团，太阳就是处在中心位置的物质团，离中心较远处的物质团则形成各个行星。中心位置的太阳质量最大，引力也最大。不过其他行星并没有被吸引过去，这是引力与运动的惯性力达成平衡的结果。也就是说行星有脱离太阳的运动趋势，但是太阳引力却吸引着它们，限制它们自由逃逸，于是形成了太阳系行星绕太阳公转的现象，它们都是在离心力和与太阳的向心力平衡的位置上运行的。

也有科学家认为不是行星都要绕着太阳转，而是整个太阳系一直在围绕其质心自转，不过太阳的质量占到太阳系天体质量的 99% 以上，所以太阳就是太阳系的质心了。

地球，包括其他太阳系行星围绕太阳公转，这是个不争的事实。

60.太阳、地球和月球三者是什么关系

太阳、地球、月球这三个星体是我们再熟悉不过的了，那么大家了解它们三者之间有什么关系吗？

古时的人们首先观测到的天文现象，如昼夜的交替，四季的变化，月亮的阴晴圆缺，日食和月食，天体位置随季节的变化以及行星在星空背景上的移动等，实际上就是太阳、地球、月亮等天体运动的反映。太阳是太阳系的中心天体，所有的行星都围绕着太阳公转。而地球是地月系的中心天体，月球作为地球的卫星，一直围绕着地球公转。当然，地月系也是在太阳系的范围内的。

当这三者按照太阳、月亮、地球的顺序排列时，月亮会挡住太阳的光，可能形成日食。当它们按照太阳、地球、月亮的顺序排列时，地球会挡住太阳光，导致月亮接收不到太阳光线，可能形成月食。

地球上的潮汐，就是在月地引力和太阳引力的作用下，出现的海洋周期性涨落现象。白天的称为"潮"，夜间的称为"汐"，总称为"潮汐"。

总之，太阳是太阳系的中心，它是太阳系内一切天体的"核心"，其地位之重要自然不言而喻！而月球也是地球最亲密的伙伴之一，它一直围绕地球旋转。三者关系紧密，每一次的转动都会给地球上的万物带来不同程度的影响！

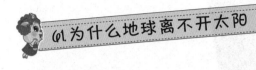

61 为什么地球离不开太阳

地球是人类赖以生存的家园，人类的家园永远离不开太阳的庇护，你知道这是为什么吗？

太阳的质量是地球质量的 333400 倍，两者之间的距离处于太阳的引力范围之内，所以太阳一直吸引着地球。不过地球的离心力又会使它不至于被太阳吸走，所以，地球才能比较规律地绕着太阳转。一旦没有了太阳，没有了太阳的引力，地球就会改变它的运行轨道，逃离出去，很有可能会引起剧烈变化甚至是灭亡！

另外，地球上万物的能量大部分都来自太阳，如果没有了太阳，地球上将是死一般的寂静。太阳带给我们光明，让人们可以在光明中生存。太阳源源不断地为地球提供热量，让人类以及其他生物可以拥有适宜的生存温度。并且太阳光是植物进行光合作用的必需条件，如果没有阳光，地球上的大部分植物就无法生存，那么动物和人类就会因为失去植物而灭亡。

总而言之，太阳就像是人类的"妈妈"，也像是地球的"妈妈"，我们没有办法离开它，一旦失去它，等待人类的将会是无尽的黑暗甚至是灭亡！

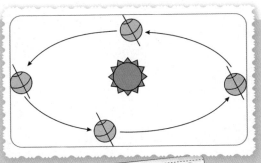

62. 太阳与地球的距离是变化的吗

太阳与地球的距离是恒定不变的呢，还是在不断地变化呢?

我们都知道，地球绕太阳公转的轨道是个接近正圆的椭圆，而太阳就位于这个椭圆轨道的一个焦点上，可想而知，在一年之中，甚至是每一天，日地距离都在不停地变化着。每年 7 月初，地球在远日点上时，与太阳的距离最大，约是 1.521 亿千米；而在 1 月初地球位于近日点上时，与太阳的距离最小，约为 1.471 亿千米。如此说来，地球与太阳间的平均距离约是 1.496 亿千米。人们把地球与太阳之间的距离作为一个天文单位，取其整数为 1.5 亿千米，这个距离相当于地球直径的 11700 倍。

历史上，科学家们尝试过很多种方法测量日地距离，一种是利用金星凌日，另一种是利用小行星测量日地距离。从 1716 年开始，人们就利用第一种方法来进行测试。当时，日地距离的测定被誉为"最崇高的天文问题"，直到 1882 年，科学家们得到比较准确的数据，发现日地距离为 1.4934 亿±9.6 万千米。

太阳与地球的距离都是在不停地变化的，变化周期大约为一年。也就是说，我们在一年之内看见的太阳都是不一样的，都是全新的。我们每一个人也要用积极的态度面对每一天，就像太阳一样，每一天都是全新的自己!

63. 太阳辐射是什么

太阳像个"大火炉"一般，无时无刻不在释放着能量，也就是说太阳对世间万物都有辐射。那么，大家知道"太阳辐射"到底是什么吗？

太阳辐射是指太阳从核融合产生的能量，经由电磁波传递到各个方向的辐射能。太阳辐射中大约有一半的频谱是电磁波谱中的可见光，其余的有红外线和紫外线等频谱。而地球所能接受到的太阳辐射能量，仅仅是太阳向宇宙空间放射的总辐射能量的二十亿分之一，而这些对太阳而言微乎其微的能量却是地球大气运动的主要能量源泉，由此可见，太阳辐射能该是多么巨大！

太阳的辐射通过大气层，一部分会到达地面，这一部分辐射叫作直接太阳辐射。而另一部分辐射被大气分子、微尘、水汽等吸收、散射或反射。被散射的一部分返回宇宙空间，其余的到达地面，叫作散射太阳辐射。到达地面的散射太阳辐射和直接太阳辐射加在一起称为总辐射。在大气上方，北半球夏至日时，日辐射总量最大，从极地到赤道分布比较均匀。冬至日时，北半球日辐射总量最小，极圈内为零。南半球的情况正好与之相反。南、北回归线之间的地区，一年内日辐射总量有两次最大。

这就是太阳辐射，它在地球上的分布也是有规律的，是地球上能量的来源！

64.到达地球的太阳辐射有什么作用

到达地球的太阳辐射是十分少的，只占太阳总辐射能量的二十二亿分之一。不过这已经足够了，它对地球有十分重要的作用！

首先，太阳辐射对地理环境有很大影响。太阳辐射的直接作用表现在岩石上，岩石因温度变化而产生风化。太阳辐射的间接作用表现在地球上的大气、水、生物等地理环境要素上，它们自身的发展变化以及各要素之间的联系，大部分都是在太阳辐射的作用下完成的。地球表面"五带"的划分也是依据太阳辐射而定的，因为地球表面各个地方的纬度不同，不同纬度获得的太阳热量是不一样的，所以可以把地球划分为北寒带、北温带、热带、南温带和南寒带五个部分。

其次，太阳辐射为人类的生产和生活提供能量。煤、石油等化石燃料都是由太阳能转化而来的，被称为"储存起来的太阳能"。太阳灶、太阳能热水器、太阳能干燥器等都为人们的生活带来了便利。除了可以直接使用太阳能量外，还可以间接使用，例如地球上的水能、风能也来源于太阳辐射。

太阳辐射的作用是不容忽视的！我国西藏拉萨就有个别称——"日光城"，这里海拔高，空气稀薄，所以太阳辐射强。

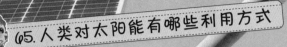
既然太阳给予人类这么多的馈赠，那人类就应该好好利用，下面我们就来探讨一下对于太阳能人类都有哪些利用方式。

人类对太阳能的利用主要有光热转换、光电转换和光化转换三个途径。光热转换就是依靠各种集热器把太阳能收集起来，进而转化成热能为人类服务。早期的人们将水放在太阳底下晾晒，水温就会上升，人们就可以用热水洗澡等。随着科学的发展，人们又开发利用了太阳能热水器。现今全世界已有数百万个太阳能热水装置，为人们带来了极大的便利。冬天时利用太阳能采暖，使用热水系统或热空气系统的太阳能暖房深受人们的青睐。

光电转换就是将太阳能转换成电能以供人们使用。目前，太阳能用于发电的途径有两种：光发电和热发电。

光化转换就是先将太阳能转换成化学能，再转换为电能等其他能量。植物靠叶绿素把光能转化为化学能，实现自身的生长，如果能找到光化转换的奥秘，就可实现人造叶绿素发电。现在，光化转换正在研究探索之中！

66. 什么是太阳能发电

太阳能是一种可再生的新能源，在人们的生产生活中有着十分广泛的应用，受到人们的青睐！

太阳能的用途之一就是可以转化为电能，为人们提供电力能源。而利用太阳能发电有两种形式，即光发电和热发电。

太阳能光发电是将太阳能直接转变成电能的一种发电方式，包括光伏发电、光化学发电、光感应发电和光生物发电四种形式。光化学发电包括电化学光伏电池、光电解电池和光催化电池等形式。

太阳能热发电是先将太阳能转化为热能，再将热能转化成电能。将热能转化为电能时，有两种方式：一种是将太阳热能直接转化成电能，例如半导体或金属材料的温差发电；另一种是将太阳热能通过热机带动发电机发电，以太阳能作为热能。

目前，最理想、最得民心的能源还是太阳能！它蕴藏丰富，而且安全、干净，不会威胁人类，不会破坏环境。用优越性超强的太阳能来发电必然是人类将来的最佳选择！

67. 太阳能有哪些优缺点

太阳能是深受人们喜爱的可再生能源，它的存在，帮助人们解决了很多疑难问题。但是太阳能并不是万能的，它也有一定的缺点。

太阳能有很多优点。首先，阳光照耀大地，没有任何地域的界限，无论高山还是平地，都可以直接对其开发利用，而且无须开采、运输，可以省去很多程序，节约人力、物力和财力；其次，太阳能是世界上最清洁的能源之一，不会污染环境，在环境日益恶化的今天，这是十分难能可贵的；再次，每年到达地球表面的太阳能约相当于130万亿吨煤的能量，太阳能是目前可以开发利用的总量最丰富的能源；最后，太阳产生的能量足够维持上百亿年，而地球的寿命也只有几十亿年而已，所以说，太阳能对于人类来说是用之不竭的能源。

当然，太阳能也有一些缺点。首先，虽说到达地面的太阳辐射总量很大，但是密度却很低，所以，我们在利用太阳能时，需要面积很大的一套收集和转换设备，来得到一定的转换功率，这样的设备造价很高；其次，由于昼夜、季节、纬度和海拔等自然条件的限制，不同地域的太阳辐照度是间断且不同的，极不稳定，这给我们大规模利用太阳能增加了难度；最后，目前对于太阳能的利用，一些方面在理论上是可行的，技术上也是成熟的，但存在装置效率偏低、成本较高等问题，总的来说，经济效益方面不如常规能源，太阳能的发展利用因而受到了经济因素的很大制约！

任何事物都是一把双刃剑，就看我们怎样把缺点转化为可利用的优点。相信在不久的将来，太阳能一定能得到更好利用，能够更好地为人类服务！

68. 太阳能发电的现状怎样

太阳能发电已成为时代的弄潮儿，那么它的现状到底怎样呢?

最近几年，太阳能发电行业发展迅猛。2011 年，全球新增太阳能发电装机容量为 2800 万千瓦，累计装机容量已超过 6900 万千瓦。在这方面，欧盟取得了相当大的成就，在世界上处于领先地位。美国和中国的太阳能发电行业，发展势头更为迅猛，将可能成为领先全球的两大太阳能市场。美国到 2016 年，占全球太阳能板市场的份额很有可能提升至 15%。

许多国家都在想方设法提高太阳能的利用率和竞争力，他们将提高光电转换效率、降低生产成本看作最重要的任务。2010 年美国能源部还专门启动了"太阳计划"，旨在降低太阳能发电的均化成本，降低模块成本。利用太阳能发电需要及时准确地预测太阳辐射量的变化趋势，以根据计划配电的需要调整发电量。同时还需要开发更好的电力储能技术，以克服太阳能发电波动性比较大所带来的诸多不便。目前，人们正在集中力量解决太阳能利用上的难题。

我国在太阳能方面的现状还是不错的，发展势头很猛，相信未来的路一定会越走越好！而现在的你们，将来也可能会成为中国在太阳能的研发利用方面的中坚力量，为我国的太阳能发展事业贡献力量。

69.太阳能电池可以应用于哪些领域

太阳能电池的应用随处可见，各大品牌的相互竞争又促使其质量有了很大的提高！下面，我们就来看看有哪些领域可以用到太阳能电池。

边远无电地区，例如高原、牧区、边防哨所等军民生活用电，都使用10 ~ 100W 的小型太阳能电源。另外，光伏水泵可以用来解决无电地区的深水井饮用问题。

通信领域，例如太阳能无人值守微波中继站、光缆维护站、广播电源系统、载波电话光伏系统、小型通信机、GPS供电等都可以用太阳能电池。

交通领域，例如航标灯、交通信号灯、交通警示路灯、高空障碍灯、高速公路无线电话亭、无人值守道班供电等也离不开太阳能电池。

石油、海洋、气象领域，石油钻井平台生活及应急电源、海洋检测设备、气象及水文观测设备等要用到太阳能电池。

普通灯具电源，例如路灯、手提灯、野营灯、登山灯、垂钓灯、节能灯等可以用太阳能电池。

另外，将太阳能发电与建筑材料相结合起来的太阳能建筑，也是未来的一大发展方向！除此之外，还有太阳能电动车、汽车空调、换气扇、海水淡化设备、卫星、航天器、空间太阳能电站等都离不开太阳能电池！

现在你了解了吧，小小的太阳能电池竟有这么多的用处，可不要小看它了哦！

70.太阳能电池的发展前景怎样

目前，在太阳能的发展及应用上，全世界都有着很大的提高和进步，其应用范围也非常广泛。太阳能电池是一项世界上公认的可持续发展的应用产品，它的发展前景是十分广阔的！

太阳能电池的应用已经不局限于军事、航天领域，进入工业、商业、农业、通信、家用电器以及公共设施等领域。不过现阶段，太阳能电池的使用成本还很高，大规模的使用仍然会受到经济条件方面的制约。

我国在资源能源日益紧张的趋势下，加快了运用及开发太阳能电池的步伐，在今后的发展中，我们一定会有长足的进步。在这个资源迅速更新换代的时代，太阳能电池逐步得到大众的肯定和认可。在实际的用途上，它会朝着生产生活的各个方面发展，例如办公楼太阳能电池、电动车太阳能电池以及手机太阳能电池等。只要是可以开发利用的方向，都将会得到充分的利用。

　　随着太阳能电池生产技术的改进，光电转换装置的改进创新，以及各国对环境保护和对再生清洁能源的需求提高，太阳能电池越来越成为利用太阳辐射较为切实可行的方式，它为人类未来大规模地利用太阳能开辟了广阔的前景！

当宁静的夜晚来临时，仰望星空，我们会发现浩瀚的天空中藏着那么多可爱的星星，或许每一颗星星都有一个不为人知的故事。宇宙中的一切都是那么神奇，大家已经了解了很多有关太阳的知识，它是太阳系的中心天体，而太阳系又是宇宙中很普通的一个星系。那大家想了解太阳系是什么样的吗？宇宙又是什么样的？让我们一起遨游在太阳系、银河系和无限的宇宙中。

第五章

太阳、太阳系与宇宙

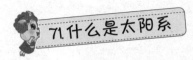

71什么是太阳系

每 当大家抬头望见火红的太阳时,有没有想过太阳系是什么样的,太阳系里到底有多少个天体呢?

太阳系以太阳为中心,是所有受到太阳重力约束的天体的集合体。从广义上来说,太阳系的领域很庞大,包括太阳、4颗类地的内行星、许多小岩石组成的小行星带、4颗充满气体的巨大外行星、至少165颗已知的卫星、5颗已经辨认出来的矮行星和数以亿计的小天体。

太阳系中的8颗行星,距离太阳由近及远分别是水星、金星、地球、火星、木星、土星、天王星和海王星,其中有6颗行星有天然卫星环绕。太阳系中的5颗矮行星分别是冥王星、谷神星、阋神星、妊神星和鸟神星。太阳系中的小天体包括小行星、柯伊伯带的天体、彗星和星际尘埃等。

2006年8月24日,国际天文联合会将"行星"重新定义,首次将冥王星排除在大行星之外,并将其与谷神星、阋神星组成新的分类:矮行星!

随着科学的进步,人类在天文上的认识会越来越深,对太阳系的观测也会逐渐加强。或许有一天,又会有一些奇特的新发现、一些不为人知的秘密会逐渐浮出水面!

72. 什么是小行星带

天文学家发现，在火星和木星之间有许多密集的小行星，那么这些小行星都是什么呢？

太阳系内介于木星和火星轨道之间的小行星密集区域被称为小行星带，太阳系 98.5% 的小行星在这里被发现。这里是小行星最密集的区域，估计有 50 万颗之多。小行星带内最大的 3 颗小行星分别是智神星、婚神星和灶神星，它们的平均直径都超过 400 千米。在小行星带中只有一颗矮行星，那就是谷神星，直径约为 950 千米。其余的小行星都比较小，有些甚至如同尘埃。

小行星带的物质非常稀薄，目前已经有好几艘太空船安全通过，并未发生意外。其中的小行星依照光谱和主要形式可以分成三类，分别是碳质类、硅酸盐类和金属类。另外，小行星之间的碰撞可能形成具有相似轨道特征和成色的小行星族。著名的小行星族有花神星族、司法星族、鸦女星族、曙神星族和司理星族。最大的小行星族是以灶神星为主的灶神星族。科学家们判断，灶神星族即是由形成灶神星上陨石坑的那些撞击造成的。

73.太阳系中卫星最多的行星是哪个

卫星是指围绕某颗行星并按闭合轨道做周期性运行的天然天体。人造卫星一般也可称为卫星。太阳系的八大行星中，谁的天然卫星最多呢？

目前，木星周围已经发现有 67 颗卫星，是所有行星中拥有卫星最多的行星！木星是太阳系八大行星之一，距离太阳由近及远排第五，是太阳系中体积最大、自转速度最快的行星。它的质量是其他七大行星总和的 2.5 倍还多，约是地球的 318 倍，而体积则是地球的 1316 倍。木星主要由氢和氦组成，中心温度估计高达 30500 摄氏度。中国古人把木星称为"岁星"。

木卫一、木卫二、木卫三和木卫四是伽利略于 1610 年发现的，于是它们被称为伽利略卫星。1892 年巴纳德发现了木卫五，其余的木星卫星都是 1904 年以后用照相方法陆续发现的。伽利略卫星直径最小的都达到 3000 多千米，其余的卫星大多是半径几千米到 20 千米。由于伽利略卫星产生的引潮力，木星运动正逐渐变慢。同样，这样的引潮力也改变了卫星的轨道，使它们逐渐远离木星。

木星不仅质量和体积是八大行星中最大的，它拥有的天然卫星也是最多的！随着科学技术的不断进步，人类会有更深入的发现，或许会发现更多的卫星！

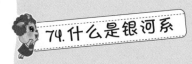

在古代，人们就认识了银河，关于银河也有很多美丽的神话传说和美妙的诗词文赋，但是人们对于银河系的真正认识还是从近代开始的。

银河系是太阳系所在的恒星系统。银河系是一个漩涡星系，具有漩涡结构，有一个银心和 4 个旋臂。太阳位于其中一个支臂猎户臂上，至银河系中心的距离大约是 6000 光年。

银河系中有上千亿颗恒星，还有大量星团、星云，以及各种类型的星际气体和星际尘埃。大多数恒星集中在扁球状的空间中，中间突出的部分被称为"核球"，中心部分称为"银核"，外围部分称为"银盘"。在核球以外有着更大的球形状空间，被称为"银晕"，分布的星体较少，密度也很小。银河系的直径约为 10 万光年，中心厚度约为 1.2 万光年。

银河系同样也会自转，太阳系以 250 千米每秒的速度围绕银河中心旋转，旋转一周需要 2.2 亿年。欧洲南天天文台的研究报告指出，银河系的年龄约为 136 亿岁，几乎与宇宙一样大了。看来，银河系与宇宙几乎是同一时期形成的！

这就是银河系，是太阳系的"家"，当然也是世间万物的"家"！

75.银河系中有多少个"地球"

在很长一段时间内，许多人都会有一个疑虑，要是地球毁灭了，那我们该怎么办呢？于是，在银河系内探索其他类地行星成为一个热门研究领域。

每当夜幕降临，天空中无数星星闪烁，周围看起来黑暗无物，可实际上，却又可能存在大量行星。英国《自然》杂志曾研究指出，银河系中可能存在上千亿颗行星，其中有数十亿颗是与地球条件相似、适合生命存活的行星。这一发现轰动一时，成为人们茶余饭后的热门话题。参与研究的教授库巴斯说："过去我们一直认为，地球是银河中独一无二的，现在发现银河系中似乎还存在着数十亿颗与地球相似的行星。"或许，这意味着银河系中平均每颗恒星周围有至少一颗行星。分析显示，整个行星群体中，像木星一样的大型行星不是很多，与地球大小接近的中小型行星占大多数。

地球上能够存在生命的条件有这么几个：要与太阳的距离适中，拥有适宜的温度，拥有适中的体积和质量，拥有液态水和安全的大气环境。在找到的类地行星中，如果有一个也能符合这几个条件的话，说不定会成为第二个"地球"呢！

76. 太阳系八大行星离太阳有多远

太阳系中八大行星由近及远分别是水星、金星、地球、火星、木星、土星、天王星和海王星。

水星最接近太阳，是太阳系中最小最轻的行星。因为水星常常和太阳同时出没，在中国古代被称为"辰星"。水星距太阳约5791万千米。

金星是太阳系中第六大行星，中国古代称之为"太白"或"太白金星"。如果黎明前出现在东方的天空中，金星会被称为"启明"。如果黄昏后出现在西方的天空上，此时金星被称为"长庚"。它距离太阳10821万千米。

地球是我们人类居住的星球，是太阳系中的第五大行星。有一个卫星，即月球。地球距离太阳14960万千米。

火星是太阳系中第七大行星，在中国古代被称为"荧惑星"。火星距离太阳22794万千米。

木星是太阳系中最大的一颗行星，是其他7颗行星质量总和的2.5倍多，是地球的318倍，体积为地球的1316倍。木星被称为"行星之王"，共有67颗卫星。木星距离太阳77833万千米。

土星是第二大行星，在中国古代被称为"镇星"，是太阳系密度最小的行星，其密度比水还小，共有60颗卫星。土星距离太阳142940万千米。

天王星从直径来看，是太阳系中第三大行星，体积比海王星大，质量却比其小，共有25颗卫星。天王星距离太阳287099万千米。

海王星是太阳系中第四大天体，共有9颗卫星。海王星距离太阳450400万千米。

这就是太阳系中的八大行星，大家可要认清楚哦！

地月系、太阳系、银河系都是宇宙中的一部分。宇宙就像一个无底洞似的，能容下万物！那宇宙到底是什么呢?

早在东汉时期，我国著名的科学家张衡就提出了对于宇宙的认识,如"过此而往者,未知或知也。未知或知者,宇宙之谓也""宇之表无极,宙之端无穷"的观点，明确提出由空间和时间构成的宇宙是无限的。

现代科学理念认为，宇宙是由空间、时间、物质和能量构成的统一体,它是一切空间和时间的总和。通常所理解的宇宙是指我们所存在的一个时空连续系统，包括其中的所有物质、能量和事件。现代物理宇宙学一般认为宇宙起源于大爆炸，是由约 137.3 亿年前的一个密度极大、温度极高的状态膨胀而来。对于大爆炸以前的宇宙，目前只有一些猜测性的理论。最新的研究则认为宇宙的年龄为 156 亿岁，但是这个说法还未得到公认。

宇宙的密度是非常小的，大约仅有 9.9×10^{-30} 克每立方厘米。其中 73% 是暗能量，23% 是冷暗物质，剩下的 4% 才是普通物质。人们对暗能量和冷暗物质的了解甚少，冷暗物质吸引着普通物质，因此减慢了宇宙的膨胀；相反地，暗能量加速宇宙的膨胀。

宇宙中，不仅仅有银河系，还有许多河外星系的存在。科学家们估计河外星系的总数在千亿个以上，它们如同辽阔海洋中星罗棋布的岛屿，所以也被形象地称为"宇宙岛"。

78.宇宙是无限大的吗

假若我们在茫茫大海中的一座孤岛上生活，而且跟外界失去联系，那么，我们所掌握的地理知识绝对是有限的。就算是用望远镜观察，也会受到海平面的约束。这就像生活在地球上的我们观察宇宙一样，没有办法真正认识到宇宙到底有多大。

我们的观察范围局限在地球以及其周围的宇宙环境。人类可以看见宇宙的一部分，并不能观察到宇宙的全部，它的全部范围只能在已有的科学水平和认知基础上去推测。我们可以猜测，宇宙在继续无限期地向所有的方向扩张。但是，我们对实际的宇宙大小的理解，是受到宇宙边缘的束缚的，我们不清楚也不能断定，在我们仪器能观测的地方之外存在什么东西，所以宇宙的大小是无法预测的。

科学家们有个有趣的发现，随着宇宙的扩大，可观察的部分会增长，不过也是有一定限度的。天文物理学家歌特及其团队认为，可观察的宇宙半径也有限度，为620亿光年。

这就是我们生活的宇宙，它的大小会随着科学的进步逐渐被人们了解！

79. 地球、行星、太阳系、银河系和宇宙五者的层级关系是怎样的

地球、行星、太阳系、银河系、宇宙这五者之间有什么关系？它们之中哪个最大呢？

地球是宇宙中的一颗普通的行星，地球的体积约是火星体积的两倍，却仅是木星体积的不到千分之一。

行星是自身不发光、环绕着恒星运转的天体。行星和恒星组成了类似于太阳系这样的星系家族。太阳系中的八大行星无时无刻不在绕着太阳运转。太阳系比银河系小得多，一个银河系中能装得下几千亿个像太阳系这样的星系。太阳系主要包括行星、卫星、小行星、彗星和陨石等一些天体。

银河系是宇宙中的一个星系。在宇宙中，像银河系这样的星系难计其数。

宇宙是目前已知层级最大的，包括世间万物，是一切空间和时间的总和。地球、行星、太阳系、银河系，以及河外星系，都包括在宇宙中。

这就是这五者的关系，宇宙最大，接下来是银河系、太阳系、行星、地球。大家一定要对它们有明确的认识哦！

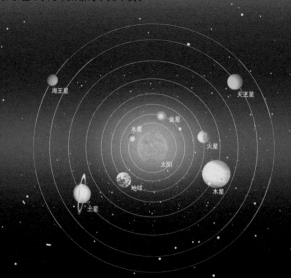

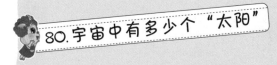

在晴朗无月的夜晚，天空中繁星点点，那么多的"星星"中，大家知道有多少像太阳一样的恒星吗？

恒星通常是由炽热气体构成的球状或类球状天体，自身能够发光。如果没有光污染，且天气十分晴朗，人们用肉眼可以看到6000多颗恒星，使用望远镜可以观测到数十万、数百万颗恒星。据估算，银河系中有1500亿~2000亿颗恒星。

绝大多数的恒星离地球极为遥远，如果不采用特殊方法、不借助特殊工具，我们很难发现恒星的变化。古人往往误认为它们是固定不动、没有变化的，所有称之为"恒星"。

恒星的特征几乎都取决于它最初的质量，例如光度、大小、演变历程等。质量越大的恒星，寿命通常越短暂，大多数恒星的年龄在10亿至100亿岁之间，有些恒星甚至跟宇宙差不多大，将近137亿岁。目前发现最古老的恒星估计年龄是132亿岁。

我们都知道离地球最近的恒星就是太阳，其次是处于半人马座的比邻星，比邻星的光芒一经发射需要4.22年才能到达地球。

原来，像太阳一样会发光的恒星有这么多啊，有的已经很"年迈"了呢！宇宙真是神奇！

81 太阳是宇宙的中心吗

从 "地心说" 到 "日心说"，人们对于宇宙的认知逐渐科学化。不过，宇宙的中心到底是哪里，至今还没有一个肯定的答案。

"地心说" 是世界上第一个行星体系模型，把地球当作宇宙的中心。"地心说" 认为地球是 "球形" 的，并把行星和恒星区别开来，勇于探索和揭示行星的运动规律，这标志着人类对宇宙认识有了很大进步。

之后哥白尼的 "日心说"，打破了 "地心说" 的观点，认为太阳才是整个宇宙的核心。随后伽利略将哥白尼学说的发展推到一个新阶段。

正是这些在人类认识宇宙的道路上勇敢的探索者和先驱者，为长期笼罩在黑暗中的科学带来了希望的曙光，自然科学也因此重见光明，开始了一段又一段新的旅程！

如今，大家都知道，太阳仅仅是太阳系的中心，而太阳系只不过是银河系中一个普通的星系而已，它和周围的恒星也都绕着银河系的中心在快速旋转，而银河系也只是宇宙中的一个普通星系而已。那宇宙的中心到底是哪里呢？至今还是一个谜。

科学的路程还很遥远，依旧有很多未知的事物等着我们去解决。

82.宇宙中有多少个"银河系"

宇宙这么庞大的组织中，会有多少像银河系一样美丽的星系存在呢？

星系是宇宙中庞大星星的"岛屿"，也是宇宙中最大、最美丽的天体系统之一。到目前为止，人们已在浩瀚无穷的宇宙观测到约 1000 亿个星系。它们有的离我们较近，可以清楚地观测到结构，有的则非常遥远，目前所知最远的星系离我们有将近 150 亿光年。

我们已观测到的星系大致可以分为三类——椭圆星系、旋涡星系和不规则星系。椭圆星系有着椭圆形的明亮外观，直径为 3300 光年 ~49 万光年。旋涡星系呈圆盘状，加上弯曲尘埃的旋涡臂，直径在 1.6 万光年 ~16 万光年。形状不规则或异常的星系，通常都是受到邻近的其他星系影响的结果，直径为 6500 光年 ~ 2.9 万光年。星系的质量一般都是在太阳质量的 100 万 ~1 万亿倍。

星系内部的恒星会不停地运动，整个星系也在不停地运动，有的在顺时针方向自转，有的在逆时针方向自转。在数量上，顺时针方向自转的星系比逆时针方向自转的星系少一些。

看到了吧，宇宙中还有这么多美丽的星系呢！随着科技的进步，我们会逐渐认识更多的星系的！

太阳是个巨大的火球，它无微不至地照顾着人们。太阳内部结构的复杂性不言而喻，活动也十分频繁。而人类，对它也有很多探索。早期的人类，对太阳的认识还不完善和科学。经过长期的探索研究，人们开始正确地认识太阳，用科学的方式解读太阳的每一层结构，并发明了许多仪器来观测太阳，观察每一次太阳活动。人类对太阳的认识不断地加深！在这一章中，我们就一起看看我们对太阳都有哪些探索，应该怎样做才能更好地将太阳展现在人们面前！

第六章

人类对太阳的探索

早在人类出现之前，太阳就已存在于天空中。大家知道最早人们心中的太阳是什么样的吗？

人类其实一直在观察和思考着太阳。在远古时代，人们认为太阳就像是天空中一个会发光的圆盘，它的出现意味着白天的到来，而消失后黑夜就来临。在许多国家和民族的神话和传说中，太阳被认为是太阳神或者其他超自然现象。比如南美的印加、阿兹特克，有崇拜太阳的文化。人们对太阳的观测可以追溯到公元前 2000 年，如在中国古代典籍《古文尚书》，就有关于夏代的一次日食的记载。罗马帝国晚期，西方人将太阳的生日定在冬至之后的一个庆典假日，这时的太阳被称为"无敌太阳"。这个假日很有可能是圣诞节的前身。

还有许多名胜古迹也与太阳有关系。英国索尔兹伯里平原上的史前巨石阵标示出冬至和夏至。爱尔兰的纽格莱奇墓是为了观测冬至而建立的。

在人类文明的早期，人们心中对于太阳更多的是猜测和幻想。只是随着时间的推移，人类在科技方面取得巨大的进步，能够真切地观测到太阳，我们对太阳的认识才越来越客观。

84.关于太阳的第一个科学解释是什么

第一位尝试从科学或者哲学的角度来解释"太阳"的人是希腊哲学家阿那克萨哥拉。他提出,太阳是一块烧得又红又热的大石头。经过仔细观测天象,他认为月亮和其他行星其实与地球一样,上面有山脉,并且也有居民。此外,他还有一些非常超前的创见。他最早提出月球本身不发光,而是反射了太阳光。对于日食和月食的成因,他最早用月影盖着地球和地影盖着月亮来分别解释。在当时的历史条件下,阿那克萨哥拉的这些认识被看作是"异端"学说。他因此而遭到囚禁,甚至被判死刑,幸好被救。

公元前1世纪,古希腊天文学家托勒密经过仔细研究,估算出日地距离是地球半径的1210倍。他利用前人的研究成果,对各种用偏心圆或小轮体系解释天体运动的地心学说进行了系统化的分析和论证。后人把这类学说统一冠上他的名字,称为"托勒密地心体系"。

对太阳和日地关系的认知,尤以古希腊天文学家的贡献为早。他们为此也付出难以想象的代价。人类在探究自然的道路上,从来都不是一帆风顺的,而先驱者们不屈不挠的探索精神永远值得我们学习。

85. "日心说"是谁提出的

"日心说"是由波兰天文学家尼古拉·哥白尼提出的。"日心说"认为太阳才是整个宇宙的中心，而不是地球。

哥白尼从小就对天文和数学感兴趣。他克服重重困难，每天坚持观测记录天文现象，坚持了数十年，取得了较为可靠的数据。通过对数据库的分析和研究，他提出了"日心说"理论，并在临终前出版了不朽名著《天体运行论》。"日心说"理论打破了长期以来居于统治地位的"地心说"理论，引发了天文学上一场大变革。

"日心说"理论有很多创见，颠覆了时人对于太阳和地球的认识。根据"日心说"理论，地球是球形的，如果在船舶的桅顶放一个光源，当船驶离海岸时，岸上的人们会看见亮光逐渐降低，直至消失。地球无时不在运动，以24个小时为一周期。天空比大地大得多，如果无限大的天穹在旋转而地球不动，这是不可想象的。太阳是不动的，而且位于太阳系的中心，地球和其他行星都围绕太阳做圆周运动。

实际上在西方公元前300多年的阿里斯塔克和赫拉克里特就已经提出太阳是宇宙的中心，地球是围绕太阳运动的。不过，完整的日心说理论还是哥白尼在《天体运行论》一书中提出来的。

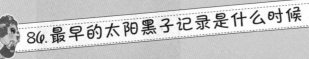
太阳黑子是太阳活动最明显的标志。你知道人类对太阳黑子最早的记录，是在什么时候吗？

中国是世界上最早观测到太阳黑子并形成记录的国家。《淮南子》一书中记有"日中有踆乌"的记录，约发生在公元前140年前。《汉书·五行志》中曾明确记录当时观察到的太阳黑子："河平元年……三月己未，日出黄，有黑气大如钱，居日中央"。这个记录将太阳黑子出现的时间、位置都详细地叙述了出来。这次太阳黑子的观察时间约在公元前28年，是目前公认最早的太阳黑子记录。

欧洲关于太阳黑子的最早记录是公元807年8月，当时太阳黑子还被误认为是水星凌日现象。直到意大利天文学家伽利略于1660年发明天文望远镜之后，太阳黑子存在的真实性才得以确认。

当欧洲人可以天文望远镜观察太阳黑子时，中国关于太阳黑子的记录已经有上百个。这些记录不但记下了明确的时间，还记录了形状、大小、位置以及变化情况。中国自古以来就是个善于观测天象的国家，这一点，是世界上其他很多国家所不能比拟的！

87. 为什么要发明"日冕仪"

日冕仪是法国默东天文台的贝尔纳·费迪南·李奥在1930年发明的一种观测装置。那大家知道这种装置是观测什么的呢?

"日冕仪",用途肯定跟日冕有关啦,设计的初衷就是用来研究日冕和日珥的形态以及光谱变化。贝尔纳·费迪南·李奥的设计灵感来源于日全食,一般情况下,因为太阳本身很亮,所以我们很难观测到相对较暗的日冕部分。然而,在日全食时,月亮挡住了太阳的大部分面积,使得太阳周边比较黯淡的日冕层和色球层显现出来,这时,就可以进行观测啦!

既然这样的话,如果做一个"人工月亮"挡在望远镜和太阳中间,把太阳光遮住,不就可以观察到日冕了嘛!这就是日冕仪最初的构想,但是,实际上,要做一个日冕仪是十分困难的。天空是蓝色的,这是因为太阳光中蓝色的波段发生了严重散射,使得整个天空都明亮了。相似地,如果我们挡住中间的太阳光,别处的太阳光就会散射到望远镜里面,从望远镜看出去还是那么亮,还是看不见日冕,那怎么办呢?我们可以将日冕仪拿到大气散射程度比较小的地方使用,像是高山,甚至是外太空,如此一来日冕仪的效果就会变得非常好。

在以往的观测历史上,日冕仪大多是用来观测太阳的,不过现在却有了新动向。日冕仪开始广泛应用于寻找更多天体,只要把恒星的光遮掉,再加上精良的仪器,就可以观测到绕着此颗恒星运行的黯淡天体,或许会发现更多的系外行星。

日冕仪是人类的一个重要发明,对于研究太阳有着重大意义!

88.太阳对眼睛有什么危害

我们经常会抬头看看可爱的太阳，但是，大家知道吗，有时太阳是不能用肉眼直视的！

太阳非常明亮，短时间内直接看太阳有可能会造成视觉上的光幻视和暂时部分失明，只要4毫瓦的阳光对视网膜稍有加热就可能对眼睛造成危害，使眼睛对光无反馈。长时间暴露在紫外线下，也会使眼睛的水晶体变黄，还有可能患白内障。因为人们眼睛的瞳孔不能适应异常高的光度对比，所以，肉眼直接观看日偏食是非常危险的。日偏食时，因为月球经过太阳前方遮蔽了一部分阳光，但是光球未被遮蔽的部分，依然有着与白天相同的表面亮度。在完全黑暗的环境下，瞳孔可以从2毫米扩张至6毫米，每个暴露在太阳影像下的视网膜细胞，会接收到10倍于观看未被遮住的太阳光量。这种情况下，进入视网膜的太阳光会损坏或杀死这些细胞，导致观看者可能出现很小但永久的盲点。对没有经验的观测者，特别是对儿童来说，这种危害因为不痛所以难以被察觉。

阳光会因为散射而减弱，特别是日出、日落时，太阳似乎很柔和，这个时候就可以用肉眼或安全的光学仪器观看太阳啦！

现在大家知道了吧，我们的眼睛很多时候都是不能直视太阳的，大家要好好保护它，保护心灵的窗户！

89.太阳日冕为什么特别热

太阳有一个非常奇特之处，即日冕的温度比太阳表面高出很多倍。太阳光球的有效温度较高，到了光球和色球的交界处，温度降低很多。但是，从色球层往外，太阳的温度却大幅度升高。日冕的温度范围在50万摄氏度到600万摄氏度。热源应该是来自太阳中巨大的能量及太阳磁场的相应活动。太阳日冕为什么特别热？激波加热机制、声波加热机制、阿尔文波加热机制、波与粒子的非共振湍动加热机制等都曾试图回答这个问题。但至今还是没有定论，还没有很好地被解释。

有科学家猜测，太阳内核剧烈的震动可以将磁力线发送到大气外层，从而给日冕提供了热量。还有科学家猜测，太阳内部的磁力线，在特定条件下变得极度扭曲，从而获得极高的加速，穿越过大气外层，到达太阳表面后释放热量，于是给日冕提供了热量。

目前，也有一些科学家提出等离子体喷发加热理论。即在等离子体由内向外喷射过程中，有一部分对色球层进行了加热；而加热日冕层的是等离子体喷射的主要能量。热等离子体不停地向上喷发，这样日冕的温度便会如此之高。

人们对太阳日冕为什么特别热这一现象感到疑惑不解，但还需要更深入地研究，以找到确切的原因。

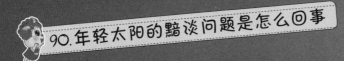

38亿年前，太阳的亮度远不如现在这么明亮，其亮度只有现在的75%！那么，当时的地球是个"冰球"吗？它的温度应该不足以使地球表面的水维持液态吧？所以当时的地球应该还没有出现生命吧？

当然不是！与之相反，我们在地球头20亿年内形成的岩石中，发现了明显是在富水环境中形成的沉积物，而且还有相当丰富的细菌化石，这表明，当时的地球是一个适宜生命生存的星球，并不是我们想象的"冰球"！而且，当时的地球跟现在的地球温度是差不多的，这到底是什么原因呢？科学家们的共识是年轻的地球大气包含的温室气体比现在要多得多，这样被困住的热量足以弥补地球上获得太阳能的不足！这个设想最初是由天文学家卡尔·萨根和乔治·马伦在 1972 年《科学》杂志中提出的。如果真的是这样的话，要找到真正的温室气体，又要费一番周折了。一些人认为二氧化碳就是这种温室气体，也有人说是氨或甲烷。不过，事实证明，想要找到真正的温室气体比想象中要复杂得多！

不过我们相信，随着科学的发展，关于这个问题，人类终有一天会找到正确的答案！

Mr.Know All

Mr.Know All 浩瀚宇宙

小书虫读科学

为什么晚上看不到太阳

《指尖上的探索》编委会 组织编写

作家出版社

策划出品 悦读名品　图片服务 悦读名品 123RF　

　　太阳是太阳系中唯一会发光的恒星，是太阳系的中心天体。太阳其实是一个正在燃烧着的星球。太阳系的主要质量都集中于太阳。本书针对青少年读者设计，图文并茂地介绍了燃烧着的星球、太阳的构造、太阳活动、太阳与地球、太阳系与宇宙、人类对太阳的探索六部分内容。为什么晚上看不到太阳？阅读本书，读者或将自己探索出答案。

图书在版编目（CIP）数据

为什么晚上看不到太阳/《指尖上的探索》编委会编. --
北京：作家出版社，2015.11（2022.5重印）
　（小书虫读科学）
　ISBN 978-7-5063-8498-8

　Ⅰ.①为… Ⅱ.①指… Ⅲ.①昼夜变化—青少年读物
Ⅳ.①P193-49

　中国版本图书馆CIP数据核字（2015）第278809号

为什么晚上看不到太阳

作　　者	《指尖上的探索》编委会
责任编辑	杨兵兵
装帧设计	高高 BOOKS
出版发行	作家出版社有限公司
社　　址	北京农展馆南里10号　　邮　编　100125
电话传真	86-10-65067186（发行中心及邮购部）
	86-10-65004079（总编室）
E-mail:zuojia@zuojia.net.cn
http://www.zuojiachubanshe.com
印　　刷	北京盛通印刷股份有限公司
成品尺寸	163×210
字　　数	170千
印　　张	10.5
版　　次	2016年1月第1版
印　　次	2022年5月第2次印刷
ISBN	978-7-5063-8498-8
定　　价	33.00元

Mr.Know All
小书虫读科学

001.为什么太阳看上去很大呢？

A.因为太阳是宇宙中最大的恒星

B.太阳在宇宙中大小是中等的，只是因为距离地球较近

C.因为太阳就在我们地球的大气层内

002.太阳系的中心是什么？

A.地球

B.月球

C.太阳

003.太阳系的质量大多集中在哪里？

A.太阳

B.地球

C.火星

004.光从太阳到地球平均大约要多久？

A.8 分 19 秒

B.8 小时 19 分

C.8 秒

005.宇宙大爆炸后，产生的最基本的物质是什么？

A.氢原子和氢分子

B.氧气

C.氮气

006.星云团通常是什么样的？

A.很厚

B.又大又稀

C.清澈明朗

007.在太阳形成过程中，星云团经过多长时间才形成气状圆盘？

A.10 亿年

B.100 万年

C.1000 万年

008.当气状圆盘温度达到多少时，发生核聚变反应以形成最初的太阳？

A.100000 万摄氏度

B.100 万摄氏度

C.1000 万摄氏度

009.太阳在银河系中很特殊吗？

A.是的，极为特殊

B.不是，很普通

C.比较特殊

010.离地球最近的恒星是哪个天体？

A.太阳

B.火星

C.月球

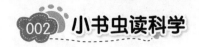

011. 太阳与地球的平均距离是多少？

A.1.4960 亿千米

B.14960 千米

C.1.4960 万千米

012. 我们到太阳的距离大约相当于围绕地球赤道走几圈？

A.3733 圈

B.14960 圈

C.40076 圈

013. 太阳的半径大约是多少？

A.696000 千米

B.69600 千米

C.6960 千米

014. 太阳的表面积大约是多少？

A.6.09×1010 平方千米

B.6.09×1012 平方千米

C.6.09×109 平方千米

015. 太阳的体积约是地球的多少倍？

A.13000 倍

B.1300000 倍

C.130000 倍

016. 为什么我们在地球上看到的太阳，看上去只像个圆盘一样大小？

A.因为太阳本身就是圆盘大小的

B.因为太阳跟地球是一样大的

C.因为我们离太阳很远

017. 太阳的质量大约是多少？

A.1.989×1030 千克

B.1.989×1020 千克

C.1.989×1010 千克

018. 太阳的质量大约是地球的多少倍？

A.1989 倍

B.333400 倍

C.19890 倍

019. 太阳有自己特定的运行轨道吗？

A.没有

B.有

020. 宇宙中的天体为什么会互相吸引、互相绕转？

A.因为万有引力的作用

B.因为它们有磁性

021.是不是太阳下山之后就不会发
光发热了？

A.是的

B.不是的

022.太阳主要是由氢组成的吗？

A.不是的

B.是的

023.氢大概占太阳质量的多少？

A.80%

B.30%

C.71%

024.太阳会发光发热是因为氢原子
发生什么反应？

A.热核反应

B.氧化还原反应

C.光合作用

025.太阳表面温度约多少摄氏度？

A.5800 摄氏度

B.9000 摄氏度

C.130000 摄氏度

026.我们能直接看见的是太阳的哪
一层？

A.光球层

B.色球层

C.日冕层

027.在文中的实验中，下列哪种工
具被用来帮助我们直观地了解
太阳的温度？

A.凸面镜

B.凹面镜

C.平面镜

028.看太阳的颜色可以估计出它的
温度吗？

A.可以

B.不可以

029.对太阳本身来说，早晨的太阳
大，还是中午的大呢？

A.早晨的大

B.中午的大

C.一样大

030.目标与背景的对比度的不同会
影响人的视觉效果吗？

A.会

B.不会

031.从水蒸气的角度说，为什么早晨的太阳比中午的"大"？

A.因为中午有水蒸气，水蒸气的作用相当于透镜

B.因为早晨有水蒸气，水蒸气的作用相当于透镜

032.为什么早晨的太阳看起来是"扁圆"的？

A.早晨太阳升起时，阳光要穿透好多层空气层，有的地方空气稀薄，有的地方较厚

B.因为早晨的太阳本来就是扁圆的

C.因为早晨，太阳爷爷没睡醒

033.宇航员在太空中看见的太阳是什么颜色的？

A.白色的

B.黄色的

C.绿色的

034.太阳的恒星光谱分类是什么？

A.G3V

B.G2V

C.G1V

035.太阳又被称为"白矮星"吗？

A.不是，是"黄矮星"

B.是的

C.不是，是"红矮星"

036.在地球上和宇宙中看见的太阳颜色不一样，是因为太阳颜色在时刻变化吗？

A.是的

B.不是的

037.太阳能会产生废气吗？

A.会的

B.不会的

038.植物的光合作用能吸入什么？

A.氧气

B.氮气

C.二氧化碳

039.世界上的大部分能源归根到底都来自太阳吗？

A.是

B.不是

040.哪两个星体的引力加在一起可以引起海洋的潮汐？

A.太阳和金星

B.太阳和月球

C.月球和地球

041.太阳大约几岁了？

A.46 亿岁

B.50 亿岁

C.55 亿岁

042.太阳体积不断膨胀是在什么阶段？

A.红巨星

B.白矮星

C.冷星

043.在太阳存在的最后阶段，氦将转变为什么？

A.轻元素

B.氢气

C.重元素

044.太阳最终会灭亡吗？

A.会

B.不会

045.太阳会自转吗？

A.会的

B.不会

046.是谁最早发现太阳不同部分的自转周期不同？

A.伽利略

B.卡林顿

C.牛顿

047.赤道处的自转周期约为多长时间？

A.27 天 6 小时 36 分钟

B.28 天 4 小时 48 分钟

C.30 天 19 小时 12 分钟

048.太阳自转速度能确定吗？

A.能

B.不能

049.太阳会公转吗？

A.会

B.不会

050.太阳距离银河系星系中心多
   远？

   A.25000 ～ 28000 光年
   B.250 光年
   C.2.5 亿光年

051.太阳围绕银河系中心公转速度
   是多少？

   A.350 千米每秒
   B.250 千米每秒
   C.150 千米每秒

052.太阳公转一周需要多久？

   A.4.5 亿年
   B.3.5 亿年
   C.2.5 亿年

053.我们可以感觉到太阳的转动
   吗？

   A.可以
   B.不可以

054.为什么我们感觉不到太阳的转
   动？

   A.因为太阳就不会转动
   B.因为地球和太阳的转动速度是完
     全一样的
   C.太阳系中的所有成员都跟随太阳
     运动着，都带有太阳的运动速度

055.我们为什么可以看见太阳的东
   升西落？

   A.这是地球自转和公转的结果
   B.这是太阳自转的结果
   C.这是太阳公转的结果

056.宇宙中的一切星体都是运动着
   的吗？

   A.是
   B.不是

057.如果每天的同一时间同一地点
   为太阳拍一张照片，它在天空
   中的位置会保持不变吗？

   A.不会
   B.会

058.什么叫作日行迹？

   A.太阳在一天中所经过的轨迹形状
   B.太阳在一年中所经过的轨迹形状
   C.太阳在一个月中所经过的轨迹形
     状

059.下列哪一项不是日行迹呈"8"
   字形的原因？

   A.地球绕太阳公转的轨道并非正圆，
     而是椭圆
   B.地球自转轴并非垂直于公转平面
   C.地球自转轴是垂直于公转平面的

060.不同纬度上的日行迹会呈现什么情形？

  A.细微的差异

  B.完全一样

  C.巨大的不同

061.适当地多晒太阳对小孩子有什么好处？

  A.促进骨骼发育

  B.增加新陈代谢

  C.解压的好方式

062.在哪个季节孕妇应该特别注意晒太阳？

  A.夏天

  B.秋天

  C.冬天

063.阳光中的紫外线有什么作用？

  A.光合作用

  B.杀菌作用

064.长期在地下工作的矿工是不是更应该适当地多晒太阳？

  A.是

  B.不是

065.太阳晒得越多越好吗？

  A.不是

  B.是

066.紫外线有几种？

  A.一种

  B.两种

  C.三种

067.人们短期晒太阳也会有皱纹吗？

  A.会

  B.不会

068.下列哪一项可能是日积月累多晒太阳的结果？

  A.皮肤癌

  B.晒红

  C.黑眼圈

069.太阳上哪种化学成分最多？

  A.氢

  B.氦

  C.氧

070.氦在太阳中约占多少？

A.71%

B.27%

C.2%

071.在少量的其他元素中，10000个大气原子里比重最大的是哪种元素？

A.氧

B.碳

C.氖

072.宇宙中任何天体的化学成分都与地球类似吗？

A.是

B.不是

073.太阳有固定的核心吗？

A.有

B.没有

074.天文学家通常把太阳结构分为几部分？

A.内部结构和大气结构

B.光球层和色球层

C.内部结构和日冕层

075.下列哪一项属于太阳的内部结构？

A.光球层

B.对流层

C.日冕

076.太阳的哪一部分可以产生核聚变反应？

A.核反应区

B.色球层

C.日冕层

077.日核是太阳的核心区域吗？

A.是的

B.不是的

C.不知道

078.日核的温度有多高？

A.15000 摄氏度

B.1500 万摄氏度

C.150 万摄氏度

079.太阳产生能量的是哪一部分？

A.日核

B.日冕

C.黑子

080.日核的能量是通过什么方式向外传递的？

A.微粒

B.辐射及对流

C.热风

081.辐射层位于太阳的哪一部分？

A.0.25～0.71太阳半径的地方

B.0.55～0.99太阳半径的地方

C.0.01～0.25太阳半径的地方

082.辐射层的体积约占太阳的多少？

A.四分之一

B.八分之一

C.二分之一

083.太阳核心产生的能量，是通过辐射区向外传输的吗？

A.是

B.不是

084.离辐射层中心距离越远的地方，温度就会怎样？

A.越高

B.越低

085.太阳对流层厚度大约是多少？

A.20万千米

B.15万千米

C.10万千米

086.太阳对流层顶层的温度有多高？

A.6327摄氏度

B.14万摄氏度

C.5500摄氏度

087.对流层的能量传输作用跟辐射层的作用相似吗？

A.相似

B.不相似

088.太阳内部核反应所产生的能量的一小部分变为对流能量，其余部分通过哪一结构向外运送，成为产生诸如黑子、耀斑、日珥以及在日冕和太阳风中其他瞬变现象的动力？

A.辐射层

B.对流层

C.日冕层

089.太阳有大气层吗？

A.有

B.没有

090.下列哪一项不是太阳的大气层？

A.光球层

B.色球层

C.平流层

091.人们平时看见的是太阳的哪一层？

A.光球层

B.色球层

C.日冕层

092.日冕层什么时候才能被人们看见？

A.月食

B.日食

C.任何时候都看不见

093.我们通常所说的太阳半径是指什么的半径？

A.光球

B.色球

C.日冕

094.光球上各个部分的亮度均匀吗？

A.均匀

B.不均匀

C.一半均匀

095.在光球与色球的交界处，温度达到最高值还是最低值？

A.最低值

B.最高值

C.中间值

096.白光耀斑发生在太阳的哪一层中？

A.光球层

B.色球层

C.日冕层

097.色球是太阳大气层最中间的一层吗？

A.是

B.不是

098.我们什么时候可以看见色球？

A.平时就可以

B.日全食的时候

C.月食的时候

099.色球层的平均厚度是多少？

A.3000 千米

B.5000 千米

C.2000 千米

100.按照平均温度随高度的分布曲线来区分色球层，可以分为几层？

A.一层

B.二层

C.三层

101.日珥比太阳圆面亮吗？

A.亮

B.暗

C.一样亮

102.按照运动情况来看，日珥可以分为哪几类？

A.宁静型和回落型

B.爆发型和回落型

C.爆发型、宁静和活动型

103.活动日珥最多能持续多久？

A.数秒钟

B.数分钟

C.数小时

104.日珥活动有什么特点吗？

A.同太阳活动周期紧密相关

B.和黑子群无关

C.日珥的爆发和回落可以持续很久

105.日全食时，日面周围放射状的非常明亮的银白色光芒是什么？

A.日冕

B.月冕

C.日珥

106.日冕中物质的密度和温度跟色球层相比，有什么区别？

A.密度比色球层低，温度比色球层高

B.密度比色球层高，温度比色球层低

C.密度和温度都差不多

107.日冕发出的光比色球层发出的强吗？

A.强

B.弱

108.冕洞是圆洞形状的吗？

A.就是洞

B.不是的，是长条形或者不规则状的

109.太阳的核心部分相当于多少个大气压？

A.1500 个

B.2500 个

C.500 个

110.在核聚变的过程中，有多少净能量被释放出来？

A.约 500 万吨

B.约 150 万吨

C.约 7 亿吨

111.太阳在每分钟发出的总能量大约是多少？

A.2.2 亿焦

B.2.273×1028 焦

C.8.24 亿焦

112.地球上接收到的太阳光是总能量的多少？

A.二十二亿分之一

B.三十二分之一

C.二亿分之一

113.按照活动程度来说，太阳可以分为几种？

A.一种

B.两种

C.三种

114.下列哪一项不属于太阳活动？

A.太阳黑子

B.耀斑

C.太阳日冕

115.太阳活动的基本标志是什么？

A.太阳黑子

B.日珥

C.耀斑

116.太阳黑子的第一次记录大约是什么时候？

A.公元前 11 年

B.公元前 800 年

C.公元前 1128 年

117.太阳耀斑的周期大约是多久？

A.10 年

B.11 年

C.20 年

118.太阳耀斑的寿命一般是多久？

A.几分钟到几十分钟之间

B.几秒钟到几分钟

C.几个小时

119.太阳耀斑的亮度是怎么变化的？

A.上升、下降都很慢

B.上升迅速，下降较慢

C.上升较慢，下降迅速

120.耀斑所发射的辐射有什么特点？

A.仅为可见光

B.不包括 X 射线

C.种类繁多

121.太阳耀斑的爆发会引起旱涝吗？

A.会的

B.不会的

122.耀斑爆发时，移动通信会受到干扰吗？

A.会的

B.不会的

123.耀斑爆发时对电视信号会有影响吗？

A.没有太大影响

B.有强烈影响

C.完全没有影响

124.耀斑的爆发会引起地震吗？

A.有可能会

B.不会

125.太阳黑子在太阳的哪一层上？

A.光球层

B.色球层

C.日冕层

126.太阳黑子的温度比周围的温度高吗？

A.不，比周围的低

B.是的，比周围的高

C.一样

127.太阳黑子的大小、多少、位置和形态固定吗？

A.固定

B.不固定

128.天文学家把太阳黑子最多的年份称为什么？

A.太阳活动谷年

B.光年

C.太阳活动峰年

129.太阳黑子的周期大约是多长？

A.100 年

B.1 年

C.11 年

130.日常观看太阳黑子的时候，需要戴上太阳镜吗？

A.需要

B.不需要

131.我们可以用一个什么样的方法既能观看太阳黑子，又不会伤害到眼睛？

A.小孔成像

B.控制变量法

C.直接观看法

132.记录太阳黑子周期变化的图表呈现出什么样的图案？

A.蝴蝶

B.蚂蚁

C.老鼠

133.黑子爆发时，指南针会受到影响吗？

A.会

B.不会

134.黑子爆发会影响到地球上的气候吗？

A.不会

B.会

135.黑子多的时候地球上气候干燥还是潮湿？

A.潮湿

B.干燥

136.黑子越多，树木生长得越怎么样？

A.越快

B.越慢

137.太阳黑子的爆发会对人类的身体健康造成危害吗？

A.会

B.不会

138.紫外线的剧增会引起病毒细胞中遗传因子的变异吗？

A.不会

B.会

139. 太阳活动的最弱时期也会造成身体健康问题吗？

A.会

B.不会

140. 日冕物质抛射源自太阳的哪一层？

A.光球层

B.色球层

C.日冕层

141. 从太阳抛射出来的巨大的、携带磁力线的泡沫状气体是什么？

A.日冕抛射物质

B.耀斑

C.黑子

142. 日冕物质抛射会破坏太阳风的流动吗？

A.会

B.不会

143. 当日冕抛射物到达地球时，会扰乱地球磁场吗？

A.影响强烈

B.有可能会

C.完全不会

144. 太阳上比较明亮的斑点是什么？

A.太阳光斑

B.太阳黑子

C.日冕

145. 光斑经常出现在太阳表面的什么位置？

A.中心区域

B.边缘上

C.无处不在

146. 光斑的活动周期大约是多久？

A.1 年

B.30 分钟

C.11 年

147. 所有的光斑都与黑子有着密切的联系吗？

A.是

B.不是

C.二者不相关

148. 太阳谱斑出现在太阳的哪一层上？

A.色球层

B.光球层

C.日冕层

149.太阳谱斑在日面上什么区域可以观察到？

A.个别区域

B.大部分区域

C.仅中心区域

150.太阳谱斑比太阳黑子晚出现但又先消失吗？

A.是

B.不是

151.异常明亮的太阳谱斑出现的时候意味着什么？

A.几小时，最多一天之后，此处会出现太阳黑子

B.立马就一定会出现太阳黑子

C.什么意义都没有

152."米粒组织"通常出现在太阳的哪一层上？

A.色球层

B.光球层

C.日冕层

153."米粒组织"的直径有多长？

A.1000～3000千米

B.4000～5000千米

C.8000～9000千米

154."米粒组织"具有下列哪一项特点？

A.分布比较均匀

B.分布不均匀

C.总是保持长时间的静止状态

155."米粒组织"平均寿命有多长？

A.几分钟

B.几小时

C.几年

156.太阳风是由什么构成的？

A.分子

B.原子

C.质子和电子

157.太阳风在地球附近的风速通常保持在多少？

A.每秒 800 米

B.每秒 32.5 千米

C.每秒 300～500 千米

158.太阳风对地球有影响吗？

A.有的

B.没有

159.彗星的彗尾是由什么促成的?

A.耀斑

B.黑子

C.太阳风

160.太阳风是从哪里形成并吹出来的?

A.光球层

B.色球层

C.日冕层

161.日冕上的大片的长条形的或是不规则形的黑暗区域是什么?

A.冕洞

B.冕坑

C.冕圈

162.粒子流在冕洞底部的速度是多少?

A.26 千米每秒左右

B.16 千米每秒左右

C.6 千米每秒左右

163.粒子流到达地球轨道附近时速度是多少?

A.30 ~ 40 千米每秒

B.300 ~ 500 千米每秒

C.3000 ~ 4000 千米每秒

164.太阳光就只包含7种颜色吗?

A.是的

B.不是的

165.当太阳光被物体吸收时,光能转化为什么?

A.热能

B.电能

C.水能

166.地球上阳光最多的地方在哪里?

A.撒哈拉大沙漠东部

B.塔里木盆地

C.中国三亚

167.撒哈拉大沙漠东部年平均日照时间是多少?

A.1145 小时

B.4300 小时

C.3300 小时

168.太阳光是用之不竭的吗?

A.是

B.不是

169.太阳光有杀菌作用吗?

A.有

B.没有

170.可不可以过度地晒太阳?

A.可以

B.不可以

171.为了保护自己的眼睛不被直射的日光伤害，人们发明了什么?

A.近视镜

B.太阳镜

C.偏振镜

172.人类可以对太阳活动进行预报吗?

A.可以

B.不可以

173.一年或几年以上的太阳活动预报是什么类型的预报?

A.长期预报

B.中期预报

C.短期预报

174.提前 1 ~ 3 天的太阳活动预报是什么类型的预报?

A.长期预报

B.中期预报

C.短期预报

175.我国何时形成太阳活动观测网与预报网?

A.20 世纪 50 年代

B.20 世纪 60 年代

C.20 世纪 70 年代

176.日食是太阳运行到月球和地球之间的结果吗?

A.是的

B.不是的

177.当太阳被全部遮住时，可以看见天空中最亮的恒星和行星吗?

A.可以

B.不可以

178.历史上，日食被视为什么样的征兆吗?

A.不吉利

B.吉利

179.日食会带来大的灾难吗？

A.会

B.不会

180.日食可以分为哪几种？

A.日正食、日偏食

B.日环食、日月食、日圆食

C.日全食、日偏食、日环食、全环食

181.日环食时可以看见模糊的日冕吗？

A.可以

B.不可以

182.全环食发生的概率怎么样？

A.很小

B.很大

183.在日环食区域之外的地方，所看见的食相是什么？

A.环食

B.偏食

C.全食

184.2009 年 7 月 22 日的日全食，中国的最佳观测区域在哪儿？

A.西北地区

B.长江流域

C.黄河流域

185.为什么日全食总是出现在不同的地方？

A.因为每次日全食发生时日、地、月三者的相对位置和角度都不同

B.因为地球的自转

C.因为地球是围绕太阳公转的

186.地表能切到"圆锥"的最大截面的直径是多少？

A.2009 千米

B.不到 270 千米

C.2008 千米

187.日食发生时，被月球挡住阳光的区域在月地之间形成的阴影是什么形状的？

A.圆盘状

B.三角状

C.圆锥状

188.2009 年 7 月 22 日的日全食一
共持续了多久？

A.6 分 39 秒

B.5 分 55 秒

C.6 分 55 秒

189.2009 年 7 月 22 日的日全食，
我国能看到的地带有多宽？

A.约 450 千米

B.约 350 千米

C.约 250 千米

190."月影"在赤道地区的移动速
度大约是多少？

A.8000 千米每小时

B.1800 千米每小时

C.6000 千米每小时

191.两极地区可以看见日全食吗？

A.可以

B.不可以

192.在人们的印象中，日食多还是
月食多？

A.日食多

B.月食多

C.一样多

193.事实上，日食多还是月食多？

A.日食多

B.月食多

C.一样多

194.为什么在人们心中月食要更多
呢？

A.因为本来月食就比日食多

B.因为月食的持续时间更长、覆盖
范围更广

C.因为人们忽略日食的存在

195.从地球上看，太阳和月球各自
运行的轨迹多长时间会有一次
"相交"？

A.每隔半年

B.每隔一年

C.每隔三个月

196.日全食的景色很震撼吗？

A.是的

B.不是的

197.日全食时可以看见贝利珠吗？

A.可以

B.不可以

198.日全食时可以看见日冕吗？

A.不可以

B.可以

199.日全食时可以看见日珥吗？

A.可以

B.不可以

200.日食是否常见？

A.不经常发生

B.百年一遇

C.每年发生数百次

201.爱因斯坦广义相对论是利用什么时候发生的日全食得到证实的？

A.1915 年

B.1919 年

C.1920 年

202.1980 年的日全食在我国什么地方可以看见？

A.漠河

B.河南

C.云南瑞丽

203.1997 年春节之后的日全食在我国什么地方可以看见？

A.漠河

B.河南

C.瑞丽

204.日食会让地球上出现下列哪种情况？

A.能见度降低

B.能见度增强

C.剧烈变热

205.出现日食现象时，地球上的气温会发生变化吗？

A.会升高

B.会降低

C.不会变化

206.出现日食时，动植物会不会发生变化？

A.一定会

B.有可能会

C.一定不会

207.出现日食时，我们应该怎么办？

A.做好应对措施，保证照明正常

B.待在家里，哪都不能去

C.我们无能为力，什么都不用做

208.观测日食时会有危险吗？

A.有一定危险性

B.完全没有危险

C.非常危险，普通人不宜观测

209.日食时，可以用肉眼或任何光学设备直视太阳吗？

A.不可以

B.可以

210.可以用小孔成像的方法观测日食吗？

A.不可以

B.可以

211.人们可以用什么样的眼镜观测日食？

A.用专业的观测眼镜

B.自制观测眼镜

C.平光镜

212.最早的日食记录发生在什么时候？

A.仲康年间

B.20 世纪 80 年代

C.公元前 3 世纪

213.最早的日食记录出现在哪本古书中？

A.《史记·夏本纪》

B.《古文尚书》

C.《肖征》

214.关于"仲康日食"的发生时间，直到 20 世纪 80 年代有多少种不同的推算结果？

A.20 种

B.8 种

C.13 种

215.最早的日食记录距今多久了？

A.400 多年

B.4000 多年

C.40000 多年

216.如果新月在黄道和白道的交点附近 18° 左右的范围内，会发生日食吗？

A.一定会

B.可能会

C.一定不会

217.地球上日食每年最多出现几
次?

A.2 次

B.5 次

C.6 次

218.地球上日食每年最少出现几
次?

A.2 次

B.5 次

C.6 次

219.日全食多久发生一次?

A.大约一年

B.大约一年半

C.大约两年

220.古代斯堪的纳维亚部族认为是
谁吃了太阳?

A.天狼

B.天狗

C.蟒蛇

221.越南人认为食日的大妖怪是什
么?

A.老虎

B.蟒蛇

C.大青蛙

222.在印加人的神话中，日食是怎
么回事?

A.老虎发怒

B.神猫发怒

C.天狗吃太阳

223.古埃及太阳教徒认为是谁吃了
太阳神?

A.神猫

B.美洲虎

C.大蟒蛇

224.日食的全过程包括几种食相?

A.四种

B.五种

C.七种

225.当月亮的东边缘刚接触到太阳
圆面的瞬间时，是哪种食相?

A.初亏

B.食既

C.食甚

226.太阳完全被月球遮挡，光线完
全被吞食时属于哪种食相?

A.初亏

B.复圆

C.食既

227.日全食在哪一阶段结束?

A.生光

B.食甚

C.复圆

228.在太阳周围出现的一道色彩艳丽的光圈叫什么?

A.日晕

B.月晕

C.星晕

229.日晕由内而外通常呈现出几种颜色?

A.一种

B.五种

C.七种

230.日晕多出现在什么季节?

A.秋冬

B.春夏

C.一年四季

231.日晕可以预兆气候的旱涝吗?

A.二者密切相关

B.没有科学依据

C.有一定科学道理

232.为什么其他行星没有被太阳吸引过去?

A.这是引力与运动的惯性力达成平衡的结果

B.因为万有引力定律

C.因为运动有惯性

233.太阳系中处于中心位置的物质团是什么?

A.月亮

B.地球

C.太阳

234.太阳系的质心是什么?

A.物质团

B.太阳

C.地球

235.太阳系围绕其质心进行下列哪一项运动?

A.自转

B.离心运动

C.自由逃逸

236.地月系的中心天体是什么?

A.地球

B.月球

C.太阳

237.下列哪一项是地球的卫星？

A.太阳

B.月球

C.土星

238.地球上的潮汐是怎么形成的？

A.在月地引力的作用下形成的

B.在太阳引力的作用下形成的

C.在月地引力和太阳引力的作用下形成的

239.关于地球上的潮汐，下列哪一项的说法是正确的？

A.能看见月亮的夜晚才能出现潮汐

B.白天的称为"潮"，夜间的称为"汐"

C.潮汐都是白天的涨落现象

240.如果没有了太阳，地球将会怎么样运行？

A.还会按照以前的运行轨道运行

B.改变运行轨道逃离出去

C.改变运行轨道但状态不变

241.地球上万物的能量大部分都来自什么？

A.太阳

B.月亮

C.地球

242.太阳会源源不断地为地球提供热量吗？

A.会

B.不会

243.太阳是植物进行光合作用的什么条件吗？

A.必需条件

B.非必需条件

C.二者没有关系

244.日地距离是怎样的？

A.变化的

B.固定的

C.无法测算

245.地球绕太阳公转的轨道是什么形状？

A.正圆

B.接近正圆的椭圆

C.抛物线

246.什么时候太阳距离地球最近？

A.1月初

B.7月初

C.12月初

247.太阳与地球的距离变化周期约
　　为多少?

A.一天

B.一年

C.一旬

248.太阳辐射中大约占到一半的频
　　谱是下列哪一项?

A.紫外线

B.可见光

C.红外线

249.太阳的辐射通过大气直接到达
　　地面的部分叫什么?

A.直接太阳辐射

B.散射太阳辐射

C.总辐射

250.被大气分子、微尘、水汽等散
　　射的太阳辐射,到达地面的叫
　　什么?

A.直接太阳辐射

B.散射太阳辐射

C.总辐射

251.冬至日时,北半球日辐射总量
　　怎么样?

A.最小

B.最大

C.达到均值

252.岩石会因温度变化而怎么样?

A.风化

B.变大

C.变成煤

253.地球表面"五带"的划分依据
　　是什么?

A.不同纬度接受的太阳辐射不同

B.不同经度接受的太阳辐射不同

254."储存起来的太阳能"指的是
　　什么?

A.水能、风能等可再生能源

B.太阳灶、太阳能热水器等

C.煤、石油等化石燃料

255.中国的"日光城"是指哪里?

A.昆明

B.贵阳

C.拉萨

256.什么是光热转换?

A.依靠各种集热器把太阳能收集起来，转化成热能为人类服务

B.将太阳能转换成电能

C.先将太阳能转换成化学能，再转换为电能等其他能量

257.下列哪一项不属于太阳能用于发电的途径?

A.热发电

B.光发电

C.光化转换

258.人类对太阳能的利用主要包括哪三种途径?

A.热光转换、热电转换和光能转换

B.光热转换、光电转换和光化转换

C.热发电、光发电和热光转换

259.植物是怎样实现自身的生长的?

A.靠叶绿素把热能转化为化学能

B.靠叶绿素把光能转化为化学能

C.靠叶绿素把光能转化为热能

260.太阳能是什么样的能源?

A.可再生能源

B.不可再生能源

C.应用率极低的新能源

261.下列哪一项不属于太阳能发电的形式?

A.太阳能光发电

B.太阳能热发电

C.太阳能物理发电

262.光化学发电包括哪些形式?

A.光电解电池和光催化电池

B.电化学光伏电池、光电解电池和光催化电池

C.光化转换电池、光催化电池

263.什么是太阳能热发电?

A.直接将太阳能转化为电能

B.先将太阳能转化为热能，再将热能转化成电能

C.直接将太阳能转化为热能

264.利用太阳能有地域的限制吗?

A.有

B.没有

265.太阳能对于人类来说是用之不竭的吗?

A.是的

B.不是，过度使用会枯竭

266.到达某一地面的太阳辐照度是怎样的？

A.间断的

B.连续的

C.所有区域都相同

267.每年到达地球表面上的太阳辐射能约相当于多少吨煤？

A.13 万亿吨煤

B.130 万亿吨煤

C.130 万吨煤

268.下列哪个国家或区域的太阳能发电量居于世界领先地位？

A.欧盟

B.美国

C.中国

269.在太阳能发电方面中国的发展情况怎样？

A.很不好

B.一般般

C.发展势头十分迅猛

270.据报告预计，到 2016 年，哪两个国家将可能成为领先全球的两大太阳能市场？

A.中国和德国

B.法国和美国

C.美国和中国

271.美国能源部启动的什么计划旨在降低太阳能发电的均化成本？

A.月亮计划

B.太阳计划

C.地球计划

272.下列哪一项可以用来解决无电地区的深水井饮用问题？

A.光伏水泵

B.石油钻井平台

C.水文观测设备

273.气象领域是否会用到太阳能电池？

A.完全用不到

B.会用到

C.还没有应用

274.太阳能建筑有没有发展空间？

A.有很大的发展空间

B.几乎没有发展空间

C.一定没有发展空间

275.太阳能电池的应用广泛吗？

A.十分广泛

B.不广泛

276.太阳能电池的使用成本高吗？

A.很高

B.几乎可以忽略不计

C.很低

277.太阳能会向生活的各个细小方面普及吗？

A.会

B.不会

278.在太阳能电池的开发方面，是不是只要可以开发利用的方向，都将得到充分的发展？

A.不是

B.是

279.太阳能电池是否是利用太阳辐射较为切实可行的方法？

A.是

B.不是

280.太阳系中有多少颗类地内行星？

A.2 颗

B.3 颗

C.4 颗

281.太阳系中已知的卫星有多少？

A.至少 165 颗

B.大约 8 颗

C.大约 6 颗

282.距离太阳最近的行星是哪颗？

A.水星

B.金星

C.地球

283.冥王星目前被归类于什么类型的天体？

A.恒星

B.卫星

C.矮行星

284.小行星带位于下列哪两个星体之间？

A.火星和木星

B.水星和金星

C.地球和火星

285.小行星带中估计有多少颗小行星？

A.50万颗

B.40万颗

C.30万颗

286.小行星带内唯一的一颗矮行星是哪颗？

A.智神星

B.谷神星

C.婚神星

287.小行星带中最大的小行星族是哪颗？

A.鸦女星族

B.灶神星族

C.曙神星族

288.卫星是如何运行的？

A.按闭合轨道做周期性运行

B.自由运行

C.围绕恒星快速运行

289.太阳系中哪一行星的卫星最多？

A.土星

B.木星

C.海王星

290.太阳系八大行星中体积最大的是哪颗？

A.土星

B.地球

C.木星

291.下列哪一项不是伽利略卫星？

A.木卫一

B.木卫二

C.木卫五

292.太阳系所在的恒星系统叫什么？

A.银河系

B.地月系

C.宇宙

293."银晕"部分密度大吗？

A.非常大

B.大

C.小

294.银河系会自转吗?

    A.会

    B.不会

295.银河系有多大年龄?

    A.约 36 亿岁

    B.约 46 亿岁

    C.约 136 亿岁

296.银河系中可能存在多少行星?

    A.上千亿颗

    B.上百万颗

    C.上百亿颗

297.银河系恒星周围是怎样的?

    A.可能存在大量行星

    B.黑暗无物

    C.存在与地球一样的众多行星

298.银河系中行星的大小状况是怎样的?

    A.像木星一样的大型行星特别多

    B.与地球大小接近的中小型行星占大多数

    C.大多数行星比月球小

299.类地行星中一定要有液态水才能有生命存在吗?

    A.是

    B.不是

300."太白金星"是指哪颗行星?

    A.水星

    B.金星

    C.地球

301.火星在中国古代称为什么?

    A.镇星

    B.启明星

    C.荧惑星

302.下列哪个行星密度比水还小?

    A.木星

    B.土星

    C.海王星

303.天王星具有什么特征?

    A.是太阳系中第三大行星

    B.共有 66 颗卫星

    C.在太阳系中距离太阳最远

304.最新的研究认为宇宙的年龄是多大？

A.120 亿岁

B.138 亿岁

C.156 亿岁

305.宇宙的密度大吗？

A.很大

B.大

C.非常小

306.宇宙中占 73% 是什么？

A.暗能量

B.冷暗物质

C.普通物质

307.宇宙中除了银河系还有别的星系存在吗？

A.还有许多河外星系

B.宇宙中只有银河系

308.我们对宇宙的观测目前局限在哪里？

A.地球以及周围的宇宙环境

B.宇宙的一半

C.整个宇宙

309.随着宇宙的扩大，可观察的部分会怎么样？

A.缩小

B.扩大

C.观测到边缘

310.天文物理学家歌特及其团队认为可观察的宇宙半径怎么样？

A.有限度

B.没有限度

C.约为 620 万亿光年

311.关于宇宙的大小，下列说法正确的是哪一项？

A.可以用仪器观测到宇宙边缘

B.无法预测

C.总有一天会观察到宇宙的全部

312.地球的体积约是火星的几倍？

A.2 倍

B.3 倍

C.4 倍

313.行星自身会发光吗？

A.普遍会发光

B.不会

C.大多数会发光

314.地球是什么样的天体？

A.普通行星

B.高等卫星

C.太阳系最小行星

315.宇宙是层级最大的吗？

A.是

B.不是

316.恒星具有下列哪一项特征？

A.会发光

B.固态球状天体

C.固定不动、没有变化

317.在条件允许的情况下，一般人肉眼能看见多少恒星？

A.2000 亿颗

B.3000 万颗

C.6000 多颗

318.银河系中有多少恒星？

A.15000 亿 ~ 20000 亿颗

B.1500 亿 ~ 2000 亿颗

C.150 亿 ~ 200 亿颗

319.比邻星的光芒一经发射需要多长时间才能到达地球？

A.4.22 年

B.1 秒钟

C.1 年

320.世界上第一个行星体系模型是什么？

A.地心说

B.日心说

C.宇宙中心论

321.将哥白尼学说的发展推到了一个新阶段的人是谁？

A.爱因斯坦

B.伽利略

C.爱迪生

322.银河系在宇宙中的地位特殊吗？

A.特殊

B.普通

C.是宇宙的中心所在

323.宇宙的中心在哪里呢？

A.太阳

B.还没有定论

C.地球

324.目前为止人们在宇宙观测到多少星系？

A.约 3000 亿个

B.约 2000 亿个

C.约 1000 亿个

325.最远的星系离我们有多远？

A.将近 250 亿光年

B.将近 150 亿光年

C.将近 50 亿光年

326.椭圆星系的直径为多少？

A.3300 光年 ~49 万光年

B.1.6 万光年 ~16 万光年

C.6500 光年 ~2.9 万光年

327.星系的质量一般是太阳质量的多少倍？

A.200 万至 1 兆倍

B.100 万至 1 万亿倍

C.50 万至 1 兆倍

328.人们对太阳的观测最早是在什么时候？

A.公元前 1000 年

B.公元前 2000 年

C.公元前 2500 年

329.最早人们心中的太阳是什么样的？

A.是一个天空中会发光的圆盘

B.是天上的一种动物

C.是宇宙中的星球

330.在古文化以及史前文化中，太阳曾被认为是太阳神或者其他超自然的现象吗？

A.是

B.不是

331.圣诞节的前身很可能是什么？

A.圣诞老人的生日

B.太阳的生日：无敌太阳

C.万圣节

332.第一个尝试用科学解释太阳的人是谁？

A.阿那克萨哥拉

B.埃拉托斯特尼

C.托勒密

333.阿那克萨哥拉认为月亮和地球的相同之处在哪里？

A.有山脉和居民

B.有大气层

C.由岩浆

334.第一个提出月光是日光的反射的人是谁？

A.埃拉托斯特尼

B.阿那克萨哥拉

C.托勒密

335.第一个用月影盖着地球和地影盖着月亮的见解来分别说明日食和月食的人是谁？

A.埃拉托斯特尼

B.托勒密

C.阿那克萨哥拉

336."日心说"认为地球是太阳系的中心吗？

A.是

B.不是

337."日心说"认为太阳转动一个周期要多久？

A.24 小时

B.36 小时

C.48 小时

338."日心说"认为地球是环绕太阳运行的吗？

A.是

B.不是

339."日心说"认为地球是什么形状的？

A.椭球形

B.球形

C.方形

340.世界上最早观测黑子的记录是在哪个国家？

A.中国

B.美国

C.希腊

341."日中有踆乌"是哪本著作中记录的？

A.《汉书五行志》

B.《淮南子》

C.《史记》

342.欧洲关于黑子的记录最早是什么时候？

A.公元 907 年 8 月

B.公元 807 年 8 月

C.公元 707 年 8 月

343.天文望远镜是下列哪一位发明的？

A.伽利略

B.司马迁

C.海尔会

344.日冕仪是谁发明的？

A.贝尔纳·费迪南·李奥

B.伽利略

C.海尔会

345.日冕仪适用于哪些地方？

A.任何地方

B.大气散射程度比较大的地方

C.大气散射程度比较小的地方

346.现在的日冕仪还可以用来做什么？

A.寻找系外行星

B.观测"人工月亮"

C.用于观测高山

347.日冕仪的发明对于研究太阳有重大意义吗？

A.有

B.没有

348.短时间内直接看太阳有可能会造成什么影响？

A.视觉上的光幻视和暂时部分失明

B.永久失明

C.视网膜脱落

349.为什么肉眼直接观看日偏食是非常危险的？

A.因为日偏食时有很大辐射

B.因为人们眼睛的瞳孔不能适应异常高的光度对比

C.因为日偏食时会有有毒物质发出

350.在完全黑暗的环境下，瞳孔的扩张范围是多少？

A.2毫米扩张至6毫米

B.3毫米扩张至9毫米

C.4毫米扩张至10毫米

351.什么时候肉眼看太阳最好？

A.日出日落时

B.正午时

C.夜晚时

352.是日冕的温度高，还是太阳表面的温度高？

A.日冕

B.太阳表面

353.关于"太阳日冕为什么特别热"这一问题的答案，有定论吗？

A.没有

B.有

354.太阳的内核在剧烈震动吗？

A.是

B.不是

355.在一些科学家提出的等离子体喷发加热理论中，等离子体是由内向外喷射过程中加热了太阳的什么部分？

A.只有日冕层

B.色球层和日冕层

C.只有色球层

356.38 亿年前的太阳跟现在一样亮吗？

A.和现在一样亮

B.不如现在明亮

C.比现在明亮

357.38 亿年前的地球是什么样的？

A.一个"冰球"

B.一个适宜生命生存的星球

C.非常寒冷

358.38 亿年前，太阳亮度比现在弱，但是地球上的温度与现在差不多，对此科学家们的共识是什么？

A.年轻的地球大气包含的温室气体比现在要多得多

B.年轻的地球臭氧层比现在厚

C.年轻的地球还会吸收别的地方的热量

359.二氧化碳是真正的温室气体吗？

A.有可能

B.不可能

C.肯定是

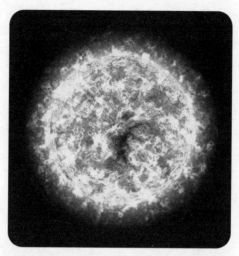

　　地球围绕太阳公转的轨道是椭圆形的，每年 7 月离太阳最远、1 月最近，平均距离是 1.4960 亿千米。以平均距离来算，光从太阳到地球大约需要用 8 分 19 秒，所以我们看到的太阳从来都不是当前的太阳。

　　太阳的半径大约是 696000 千米，大约是地球的 110 倍。表面面积大约为 6.09×1012 平方千米。体积大约是 1.412×1018 立方千米，约为地球的 1300000 倍。换句话说，1300000 个地球加在一起，才能组成一个太阳！

　　太阳核心区的温度达到1560万摄氏度，就算钢铁碰到它，也会化为气的。我们用肉眼直接看到的是太阳表面的光球层，这一层大约为5800摄氏度，属于比较"凉爽"的部分了，不过这是相对太阳的其他部分而言的。

　　现在的太阳大约46亿岁了，处于青壮年时期。

内部结构:
核反应区
辐射层
对流层

光球层

色球层

日冕层

太阳的内部结构由内到外可以分为核反应区、辐射层和对流层三个部分，大气结构由内到外可以分为光球、色球和日冕三个部分。

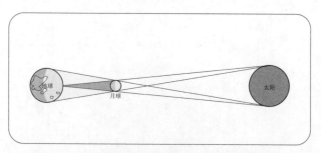

地球

月球

太阳

日食，是一种天文现象。当月球运行到太阳和地球之间的时候，对地球上的一些地区来说，月球就在太阳的前方了，因此来自太阳的部分或者全部的光线就会被月球遮挡住，看起来就好像太阳的一部分或者整个都消失了。

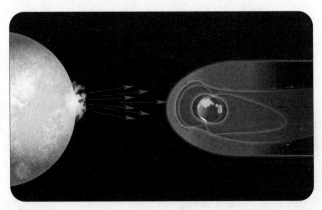

太阳活动是太阳大气层里所有活动现象的总称。按照其活动程度，太阳可以分为活动太阳和宁静太阳两部分。

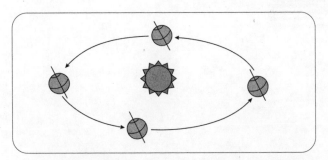

太阳与地球的距离都是在不停地变化的，变化周期大约为一年。也就是说，我们在一年之内看见的太阳都是不一样的，都是全新的。

001	002	003	004	005	006	007	008	009	010	011	012	013	014	015	016
B	C	A	A	A	B	B	C	B	A	A	A	A	B	B	C
017	018	019	020	021	022	023	024	025	026	027	028	029	030	031	032
A	B	B	A	B	A	C	A	A	A	B	A	C	A	B	A
033	034	035	036	037	038	039	040	041	042	043	044	045	046	047	048
A	B	A	B	B	A	B	A	A	C	A	A	B	A	B	B
049	050	051	052	053	054	055	056	057	058	059	060	061	062	063	064
A	A	B	C	B	C	A	A	B	C	A	A	C	B	A
065	066	067	068	069	070	071	072	073	074	075	076	077	078	079	080
A	C	B	A	A	B	A	A	B	A	B	A	A	B	A	B
081	082	083	084	085	086	087	088	089	090	091	092	093	094	095	096
A	C	A	B	B	A	A	B	A	C	A	B	A	B	A	A
097	098	099	100	101	102	103	104	105	106	107	108	109	110	111	112
A	B	C	C	B	C	C	A	A	A	B	B	B	A	B	A
113	114	115	116	117	118	119	120	121	122	123	124	125	126	127	128
B	C	A	B	A	B	B	C	A	A	A	A	A	B	B	C
129	130	131	132	133	134	135	136	137	138	139	140	141	142	143	144
C	A	A	A	A	B	B	A	A	B	A	C	A	A	B	A
145	146	147	148	149	150	151	152	153	154	155	156	157	158	159	160
B	C	B	A	B	B	A	B	A	A	A	C	C	A	C	C
161	162	163	164	165	166	167	168	169	170	171	172	173	174	175	176
A	B	B	B	A	A	B	A	A	B	B	A	C	B	B
177	178	179	180	181	182	183	184	185	186	187	188	189	190	191	192
A	A	B	C	B	A	B	A	A	C	A	C	B	B	B	B
193	194	195	196	197	198	199	200	201	202	203	204	205	206	207	208
A	B	A	A	A	B	A	A	B	C	A	A	B	B	A	A
209	210	211	212	213	214	215	216	217	218	219	220	221	222	223	224
A	B	A	A	B	C	B	B	B	A	B	A	C	B	C	B
225	226	227	228	229	230	231	232	233	234	235	236	237	238	239	240
A	C	A	A	C	B	B	A	C	B	A	A	B	C	B	B
241	242	243	244	245	246	247	248	249	250	251	252	253	254	255	256
A	A	A	B	A	B	B	A	A	B	A	A	A	C	C	A
257	258	259	260	261	262	263	264	265	266	267	268	269	270	271	272
C	B	B	B	A	C	B	B	A	A	A	B	B	A	A	B
273	274	275	276	277	278	279	280	281	282	283	284	285	286	287	288
B	A	A	A	A	B	A	C	A	A	C	A	A	B	B	A
289	290	291	292	293	294	295	296	297	298	299	300	301	302	303	304
B	C	C	A	C	A	C	A	A	B	A	B	C	B	A	C
305	306	307	308	309	310	311	312	313	314	315	316	317	318	319	320
C	A	A	A	B	A	B	A	B	A	A	A	C	B	A	A
321	322	323	324	325	326	327	328	329	330	331	332	333	334	335	336
B	B	C	B	A	B	A	A	A	B	A	B	C	B	B	B
337	338	339	340	341	342	343	344	345	346	347	348	349	350	351	352
A	A	B	A	B	B	A	A	C	A	A	A	B	A	A	A
353	354	355	356	357	358	359									
A	A	B	B	B	A	A									

001	002	003	004	005	006	007	008	009	010	011	012	013	014	015	016
017	018	019	020	021	022	023	024	025	026	027	028	029	030	031	032
033	034	035	036	037	038	039	040	041	042	043	044	045	046	047	048
049	050	051	052	053	054	055	056	057	058	059	060	061	062	063	064
065	066	067	068	069	070	071	072	073	074	075	076	077	078	079	080
081	082	083	084	085	086	087	088	089	090	091	092	093	094	095	096
097	098	099	100	101	102	103	104	105	106	107	108	109	110	111	112
113	114	115	116	117	118	119	120	121	122	123	124	125	126	127	128
129	130	131	132	133	134	135	136	137	138	139	140	141	142	143	144
145	146	147	148	149	150	151	152	153	154	155	156	157	158	159	160
161	162	163	164	165	166	167	168	169	170	171	172	173	174	175	176
177	178	179	180	181	182	183	184	185	186	187	188	189	190	191	192
193	194	195	196	197	198	199	200	201	202	203	204	205	206	207	208
209	210	211	212	213	214	215	216	217	218	219	220	221	222	223	224
225	226	227	228	229	230	231	232	233	234	235	236	237	238	239	240
241	242	243	244	245	246	247	248	249	250	251	252	253	254	255	256
257	258	259	260	261	262	263	264	265	266	267	268	269	270	271	272
273	274	275	276	277	278	279	280	281	282	283	284	285	286	287	288
289	290	291	292	293	294	295	296	297	298	299	300	301	302	303	304
305	306	307	308	309	310	311	312	313	314	315	316	317	318	319	320
321	322	323	324	325	326	327	328	329	330	331	332	333	334	335	336
337	338	339	340	341	342	343	344	345	346	347	348	349	350	351	352
353	354	355	356	357	358	359	360	361	362	363	364	365	366	367	368
369	370	371	372	373	374	375	376	377	378	379	380	381	382	383	384
385	386	387	388	389	390	391	392	393	394	395	396	397	398	399	400